GENJIN刑事弁護シリーズ**27**

障害者刑事弁護マニュアル

大阪弁護士会
高齢者・障害者総合支援センター運営委員会
障害者刑事弁護マニュアル作成プロジェクトチーム[編著]

現代人文社

はじめに——なぜ「障害者刑事弁護」なのか

1　刑事弁護の視点から

　従来の刑事弁護の中で障害が問題とされるのは、死刑事件の中で、あるいは、訴訟能力や責任能力が争われる事件の中でのことが多かった。しかし、被疑者・被告人の中に、何らかの障害をもった多くの障害者が含まれていることは刑事弁護を展開する中で感ずるところである。そして、近年、障害者福祉を担ってきた弁護士の方々の努力のもと、障害に対する刑事弁護の場での理解不足が一般に意識されるようになってきた。

　一見して明らかに障害が存すると認められる場合には、多くの場合、積極的な刑事弁護が展開されてきた。しかし、一見して明らかに障害があるとは判明しない障害者も数多くいる。一見して明らかに障害があるとは気づけない場合や療育手帳や障害者手帳を有していない場合には、これまで、障害そのものを見過ごした刑事弁護が展開されてきたことは否定しえない。

　個々具体的な被疑者・被告人を刑事裁判という場で明らかにすることは、刑事裁判のアルファでありオメガである。決して障害者に特有のことではない。そのように考えると、これまでの刑事弁護は、健常者に対する刑事裁判における適正手続の確保等には熱心であったとしても、障害や障害者に対してあまりにも無関心であったということに気づかされる。

　その無関心さは、障害者に多くの不利益を負わせてきたであろう。たとえば、刑事裁判では、法則とは到底呼べない経験則という曖昧なものが判断の道具として利用される。経験則とは、もっぱら健常者の社会常識でしかない。ところが、障害そのものが見過ごされて健常者の社会常識が適用される場合、障害者は健常者の中で一般化・抽象化されてしまい、かえって不合理な弁解をしている、大胆な犯行等との事実評価に至り、厳罰に処せられる危険が高くなる。結果として、被疑者・被告人は当事者性を失い、刑事裁判の客体でしかなくなる。

　ここで、われわれ弁護人は、障害者やその近親者ですら、障害の存在に気

づかないまま、成育し、養育してきた例が数多く存在することに留意しなければならない。このような場合には弁護人において障害の存在に気づかなければ、それが刑事裁判の俎上に載ることはない。

　障害を有する被疑者・被告人の当事者性を回復させるためには、まず、弁護人において、その障害に気づき、その障害特性を知り、障害特性と犯行の関係に気づいて主張し、障害特性に応じた環境調整を施すことが必要である。

　では、弁護人において、障害の存在に気づく能力を備えているのだろうか。否である。正直、障害や障害特性を理解するのは難しい。幅広い知見や経験が必要である。しかし、刑事弁護を担う以上、障害に無頓着であっては決してならない。

　本書は、これまで刑事弁護を担うわれわれに欠けていた、障害に気づくきっかけや障害特性についての知識を与えてくれるものである。本書を利用し、障害ある被疑者・被告人の当事者性を回復すべく、刑事弁護を展開する一助にしていただければ幸いである。　　　　　　　　　　　　　　　（鈴木）

2　障害者の視点から

⑴　適正手続の保障と弁護権保障

　障害の有無にかかわらず、公正な裁判を受ける権利があることは当然である。また、障害があってもなくても等しく適正手続が保障され、弁護権保障がなされなければならない。しかし、被疑者・被告人に障害がある場合には、自分で自分の身を防御する力が低いために、実質的に適正手続が保障されないおそれが生じる。実際、知的障害のために黙秘権や弁護人選任権の意味の理解が困難である場合や、聴覚障害や発達障害のために意思伝達が困難である場合などに、実質的に適正手続を保障するためには、それぞれの障害特性に配慮した適切な弁護がなされなければならない。

⑵　冤罪の危険

　障害のある人の中には、障害特性を誤解され、不審者に間違われたり、アリバイを適切に主張できないがために不当に逮捕される者もいる。また、黙

秘権の理解が困難であったり、被誘導性や迎合性が高い供述特性があるために、たやすく虚偽の自白をしてしまう者も少なくない。島田事件をはじめとして、これまでに明らかになった冤罪事件の中には、被疑者・被告人に知的障害等の障害があった割合は非常に高い。障害のある人が無辜の罪に問われないよう障害特性を理解した弁護をしていかなければならない。

2016（平成28）年5月24日の刑事訴訟法改正により、裁判員裁判対象事件および検察独自捜査事件については取調べの全過程の録音録画制度が導入され（刑訴法301条の2第4項）、同制度は2019（令和1）年6月1日から施行された。ただ、同様の試行がなされていた知的障害を有する被疑者で、言語によるコミュニケーションの問題がある者、または取調官に対する迎合性や被誘導性が高いと認められる者に係る事件、および、精神の障害等により責任能力の減退・喪失が疑われる被疑者に係る事件の取調べについては、同改正に盛り込まれなかった。

しかし、かかる事件の取調べの全過程の録音録画（可視化）の必要性・重要性は認識されており、平成31年4月19日付次長検事依命通知（最高検判第5号）および同月26日付警察庁刑事局長通知が引き続き出されているところである。弁護人としても、同通知を根拠に捜査機関に対して積極的に可視化の申入れを行い、可視化を実現し、供述特性や障害特性に配慮した弁護活動を行うことが重要である。

⑶　厳罰化の危険

2012（平成24）年7月30日、大阪地方裁判所での裁判員裁判で、アスペルガー障害のある被告人に対して、検察側の求刑を上回る懲役20年の判決が下された。「健全な社会常識という観点からは、いかに病気の影響があるとはいえ、十分な反省のないまま社会に復帰すれば、被告人の意に沿わない者に対して同様の犯行におよぶことが心配される。（中略）社会内でアスペルガー症候群に対応できる受け皿は何ら用意されておらず、許される限り長期間刑務所に収容することが社会秩序の維持にも資する」というのがその量刑理由であった。この判決に対しては、日本弁護士連合会や大阪弁護士会等の会長が相次いで声明を出したほか、障害者団体や各紙の社説でも、障害を理解しない偏見に基づく差別的な判決であるとの意見や批判が出されるなど世間の耳

目を集めた。

　同判決は厳罰化が顕著で極端であったために注目されたが、氷山の一角にすぎない。実際は、障害理解のなさや偏見に基づく厳罰化は多く行われている。障害があるために、動機や反省をうまく語れない被疑者・被告人を代弁して、障害理解を促し、偏見を取り除く弁護活動をする必要性は高い。

⑷　累犯化の危険

　障害のある人の中には、軽微な窃盗や無銭飲食を繰り返し、前刑出所後すぐ再犯をして実刑となり、何度も刑務所を出たり入ったりして、人生の大半を矯正施設で過ごす人がいる。障害がある人が犯罪傾向が高いという科学的根拠はない。また、彼らが万引き等を繰り返すのは、決して反省をしていないからでも、遵法精神が鈍麻しているからでもない。障害などのために生活のしづらさを抱える彼らにとって、福祉的支援がなければ、地域社会は生きづらく、その結果、軽微な犯罪を繰り返してしまうのである。

　障害等があり、このように何らかの福祉的支援が必要な人たちを弁護する場合は、裏に隠された真の動機を明らかにして、原因となっている障壁を取り除くことが肝要である。そのため医療や福祉的支援などの環境整備を行うことが重要である。

⑸　まとめ

　障害者の視点からは、まさに、刑事司法手続において障害のない人と同じように適正手続の保障が受けられるような弁護活動が、すべての弁護人によって、すべからく実施されなければならない。

　よって、自己を防衛する力の弱い障害者の視点から、本書は、障害のある被疑者・被告人を弁護する弁護人が、手に取ってすぐに、障害特性に配慮した弁護活動が行えることを目的としており、具体的に、かつ、実践的な記載を心がけている。

（辻川）

目　次

IX　基礎知識：障害福祉サービスの類型 ························· 166

I 障害者を取り巻く状況

1 障害者施策の概要と基本原理

⑴ 権利条約以前——障害に特化した人権条約化への動き

　国連の障害者政策は、当初、リハビリテーションと予防が中心であり、障害のある人の被る不利の原因をインペアメントに還元させる医学モデルの考えに立脚していた。

　1970年代に入ると「障害問題は人権問題である」との認識が芽生え、1971年に「知的障害者の権利宣言」、1975年に「障害者の権利宣言」が採択された。

　1976年には、1981年を「国際障害者年」と宣言する総会決議を採択した。そして、1981年に至る6年間、毎年採択された「国際障害者年」と題する国連決議の内容は、障害のある人を施策の対象から権利の主体へと位置づけ、当初「完全参加」だけであった国連障害者年のテーマに「平等」が加わり、「個人と環境との関係として、障害を捉えるべきである」といった社会モデルの考え方として捉えられ始めるという、変化を遂げていった。

　さらに国際障害者年の「完全参加と平等」というテーマを達成するための長期計画として、国連総会は1982年、「障害者に関する世界行動計画」を策定した。これにより、国連の障害者政策として、予防、リハビリテーションに加え、機会均等が加わり、これらの3つが国連の障害者政策の三本柱となった。

　世界行動計画が策定された翌年の1983年から1992年まで10年間を「国連障害者の十年」として、世界行動計画が実施されることになった。その間、障害のある人の権利条約の提案がなされたが、結局のところ、障害のある人の人権を守るためのガイドラインに過ぎず、国際法的な法的拘束力は認められないものであった。

　他方、1990年には、アメリカ合衆国で障害のある人に対する差別禁止を内容とするADA（Americans with Disabilities Act of 1990）が制定され、全世界の障害のある人に大きな影響を与えるに至った。これを受け、障害者団体等は、1990年代後半から、権利条約の制定を強く求めていった。

⑵ 条約の概要と意義

ア 保護の客体（対象）から権利の主体へ

国連総会は、「障害者の権利及び尊厳を保護・促進するための包括的総合的な国際条約」とするために、条約案を検討するためのアドホック委員会を設置することを決議し、アドホック委員会への障害当事者のNGOの参加を可能とした。そして、条約は "Nothing about us without us"（私たちのことを私たち抜きで決めないで）のスローガンのもとに作成された。その結果として2006（平成18）年12月13日に採択された権利条約は、これまでの障害者施策における障害者の位置を保護の客体（対象）から権利の主体に180度転換することとなった（日本での批准は2014〔平成26〕年1月20日）。

イ 障害とは何か──医学モデルから社会モデルへ

権利条約は、また、次に述べるように、障害とは何かについて、社会モデルを採用し、従前の医学モデルからパラダイムの転換がなされた。

㈎ 「医学モデル」

障害の「医学モデル」とは、心身の機能・構造上の「損傷」（インペアメント）と社会生活における不利や困難としての「障害」（ディスアビリティ）とを同一視し、損傷が必然的に障害をもたらすものと捉えて、障害への対処において個人への医学的な働きかけ（治療、訓練等）を優先する考え方である。

そして、障害を個人に内在する属性として捉え、同時にその状態の克服のための取組みは、もっぱら個人の適応努力によるものと捉えるものであり、障害の「個人モデル」とも呼ばれる。このような「医学モデル」の考え方に基づくと、障害のある人の社会参加への取組みは、もっぱら障害を「治癒」することを目的として行われる。障害の状態を少しでも障害のない人の状態に近づけることで、ようやく障害のない人と同じ土俵で社会参加することが可能になる。

㈏ 「社会モデル」

しかし、このような考え方を障害のある人本人の視点から再構成すると、本人には何ら帰責性のない「障害」という事情により、治癒するまでの間は社会から隔絶されることを余儀なくされる。治癒しなければ、およそ障害のない人とともに社会を構成することができない。

これに対して、障害を個人の問題としてのみ捉えることを否定する「社会モデル」の考え方が提案されてきた。障害の「社会モデル」とは、損傷（インペアメント）と障害（ディスアビリティ）とを明確に区別し、障害を、個人の外部に存在する種々の社会的障壁によってもたらされるものとして捉える。これは、障害を損傷と同一視する「医学モデル」の考え方を転換させるものであり、社会的な障壁の除去・改変によって障害の解消を目指すことが可能であって、障壁の解消に向けての取組みの責任を障害のある人個人にではなく社会の側に見出す考え方である。

　日本も権利条約批准を前に、障害者基本法2条を改正し、社会モデルを採用することを明確にした。

ウ　合理的配慮の不提供も差別

　このように、障害は個人に帰属するものではなく、社会環境との相互作用の中で作り出されるものであるという社会モデルの視点に立つことにより、障害のある人に立ちはだかる社会的障壁が障害のある人の人権享有を阻害しているという現実が可視化されることになった。

　ここでいう社会的障壁には道路・建物等の物理的なものだけではなく、情報や文化、法律や制度、さらには市民の意識上の障壁等も含まれている。これらの社会的障壁により、障害のある人がさまざまな機会から排除され差別が生まれる実態が明らかとなったのである。

　こうした実態を踏まえ、合理的配慮の提供による社会的障壁の除去をはじめとして、実質的に人権を享有できるようにすることが、障害のある人にとっての人権課題であることが認識されたのである。

　権利条約では、差別の定義については「障害に基づく差別には、あらゆる形態の差別（合理的配慮の否定を含む。）を含む」と規定し、合理的配慮義務の不提供も差別に含まれることを明らかにしている（2条）。

　日本も、権利条約批准のための国内法整備の一環として障害者基本法4条を改正し、それを具現化させるものとして、障害を理由とした差別の解消の推進に関する法律（障害者差別解消法）を制定した。

エ　司法手続利用の保障

　権利条約では、障害の有無にかかわらず裁判所による救済が適正に行われ、刑事事件においては障害があってもなくても等しく適正手続が保障され

るよう、司法手続の利用の保障が謳われている（13条）。そして、司法手続の利用に関しては、とくに「手続上の配慮」が明記されている。これは、合理的配慮が司法分野において特化されたものであるといえる。司法手続において、合理的配慮がなされないことは、実質的にみると、一般に与えられている法的保護を障害のある人には与えないということを意味することになる。加えて、2項では司法関係者の障害に対する無知や偏見が引き起こす問題の重要性に鑑みて、司法に係る分野に携わる者に対して適当な研修を促進することを求めている。とくに警察官と刑務官が例示されているが、これは、歴史的にみて、警察官による供述特性への無理解が多くの冤罪を生み、刑務官による障害特性への無理解が虐待につながってきたことの反省に立ってのことである。

　これを受け、障害者基本法に司法手続における配慮の規定が新設された（29条）。

2　わが国の政策、制度の現状

⑴　矯正施設における現状

　一般刑務所の受刑者の中には、知的障害等の障害や高齢のために福祉的支援を必要とする者が一定程度いる（2018年矯正統計年報：新受刑者罪名別能力検査値によると、新受刑者総数18,272名のうち、知能指数相当値70未満の者が3,493名〔19.1％〕となっている）。少なくともその中の相当数は、今までに適正な障害の診断等がなされないまま刑事手続にのせられて、何の支援も配慮もないまま実刑となってしまった者である可能性がある。

　それらの者の中には、再犯率が高く、非常に短期間で再び罪を犯して、刑務所の入退所を繰り返す者も少なくない（2012年法務省特別調査：知的障害が疑われる受刑者〔調査対象者〕のうち、再入者の再犯期間をみると、6カ月未満が33.4％、6カ月〜1年未満18.8％となっている）。その要因としては、適正な障害認定等がなされていないために出所後に福祉的支援を受けられず、刑務所に入る前の環境と何ら変わらない状態で社会に出てしまい、結局再犯につながっている現状が存すると考えられる。

⑵　矯正施設出所後の支援（出口支援）

そこで、高齢または障害を有するため福祉的支援を必要とする者が矯正施設を出所するに際しては、早急に福祉的支援につながる仕組み（いわゆる出口支援の仕組み）を構築する必要があった。そのため、厚生労働省と法務省は協働して取組みを始めた。

ア　「地域生活定着支援事業」

厚生労働省は、2009（平成21）年度に「地域生活定着支援事業」を創設した。この事業は、高齢または障害を有するため福祉的な支援を必要とする矯正施設退所者について、退所後直ちに福祉サービス等（障害者手帳の発給、社会福祉施設への入所）につなげるための準備を保護観察所と協働して進めるもので、そのために「地域生活定着支援センター」を2011（平成23）年度末までに全都道府県に開設した。

さらに、2012（平成24）年度からは、矯正施設退所後のフォローアップとして相談支援にまで支援を拡大・拡充し、入所中から退所後まで一貫した相談支援を行う「地域生活定着促進事業」を実施している。

イ　「特別調整」

法務省も、高齢者・障害者等に対する福祉的支援への橋渡しとして、他県の刑務所出所者等のうち、高齢または障害により自立が困難で身寄りがなく福祉的支援が必要な者について、釈放後速やかに適切な介護・医療等の支援を受けることができるようにするため、2009（平成21）年4月から厚生労働省と連携して「特別調整」を実施している。

この取組みの中心となるのは、上記地域生活定着支援センターである。また、矯正施設には、社会福祉士・精神保健福祉士が配置され、被収容者のうち、福祉による支援が必要な者の選定・ニーズの把握、円滑な社会復帰に向けた帰住調整等が行われている。

⑶　矯正施設に入れないための支援（入口支援）

他方で、障害特性に配慮した刑事手続がなされていないがために、障害を有しているというような背景事情が一切考慮されず、流れ作業的に起訴され、その結果実刑になっているという実態もある。とくに知的障害のある者は、悪いことをすれば警察官に捕まり、刑務所に行かなければならないと述

べることはできるが、その社会的意味について真に理解することは非常に困難なところがある。そのために再犯を繰り返してしまうことが少なくない。また、生活と社会的な両面において社会生活上の習慣やルール、人間関係などの対人スキルの習得等が未熟なために窃盗などの犯罪を行ってしまうことが多いことも最近わかってきた。これらの知的障害のある者等が抱えている

刑務所からの出所にあたってどのようなことが行われるか（特別調整）

　刑務所出所者等の中には、高齢または障害により、自立が困難で身寄りがなく、福祉的な支援が必要でありながら、適切な支援を得ることができないまま出所している者が少なからず存在することが、2006（平成18）年に法務省が実施した特別調査等により明らかにされている。

　このため、法務省では、厚生労働省と連携して、2009（平成21）年4月から、刑務所等に収容されている者のうち、高齢であり、または障害を有し、かつ適切な帰住先がない者について、釈放後速やかに適切な介護、医療等の福祉サービスを受けることができるようにするため、「特別調整」を実施している（総務省行政評価局「刑務所出所者等の社会復帰支援対策に関する行政評価・監視結果報告書」〔2014年3月〕81頁）。

　「特別調整」とは、生活環境調整のうち、高齢（概ね65歳以上）であり、または障害を有する入所者等であって、かつ、適当な帰住予定地が確保されていない者を対象として、特別の手続に基づき帰住予定地の確保その他必要な生活環境の整備を行うものをいう。

　「特別調整」の対象者（以下の要件のすべてを満たすもの）
① 　高齢（概ね65歳以上）であり、または身体障害、知的障害もしくは精神障害があると認められること
② 　釈放後の住居がないこと
③ 　高齢または身体障害、知的障害もしくは精神障害により、釈放された後に健全な生活態度を保持し自立した生活を営むうえで、公共の衛生福祉に関する機関その他の機関による福祉サービス等を受けることが必要であると認められること
④ 　円滑な社会復帰のために、特別調整の対象とすることが相当であると認められること
⑤ 　特別調整の対象者となることを希望していること
⑥ 　特別調整を実施するために必要な範囲内で、公共の衛生福祉に関する機関その他の機関に、保護観察所の長が個人情報を提供することについて同意していること

（荒木晋之介）

問題は、単に矯正施設に収容して内省を求めるだけでは、解決にならない。個人と社会（環境）との関係において、社会的・心理的両面にわたる総合的支援が必要であり、そのためには独自に高度で専門的な援助技術による支援プログラムの開発と社会の受け皿である社会資源のネットワーク作りなどを行うことが必要である。

このような事情を背景に、知的障害がある者に関しては、単に矯正施設に収容するのではなく、彼らが地域において更生するための支援（いわゆる入口支援）の必要性が認識されるようになり、民間とも協働しつつ、厚生労働省や法務省を中心としてさまざまな取組みが始まった。

ア　厚生労働省からの委託により、社会福祉法人南高愛隣会（長崎県）は、入口支援として、2014（平成26）年度社会福祉推進事業「罪に問われた高齢・障害者等への切れ目のない支援のための諸制度の構築事業」を行った。

日本社会福祉士会は、社会福祉推進事業「司法分野における社会福祉士の関与のあり方に関する連携スキーム検討事業」を行った。

日本弁護士連合会も、それぞれの事業について協力したほか、2013（平成25）年9月から「罪に問われた障がい者刑事弁護に関するPT連絡会」を設け、個々の弁護人が障害特性を理解し、障害に配慮した刑事弁護を行うために体制整備づくりを行うなどさまざまな取組みを進めている。

イ　法務省では、保護観察所と検察庁が連携して、「更生緊急保護事前調整」が行われている。

また、検察庁も、社会福祉士を配置した「社会復帰準備室」等を設置したり、保護観察所や地域生活定着支援センターおよび社会福祉士会と連携する等の取組みを行っている。

(4)　司法と福祉の連携と弁護士による切れ目のない支援

近年、司法と福祉の連携が広まり、更生支援計画の重要性が認識されてきている。更生支援計画は、弁護人の依頼により福祉関係者が作成するものであるが、いわば、被疑者・被告人が主体的に更生していくためのロードマップといえる。更生支援計画の作成費用など司法と福祉の連携費用については、東京三会など複数の弁護士会が援助事業を行っているほか、2017（平成29）年8月に日弁連が意見書を出したことにより、国選弁護費用としての支

出に向けての動きが活発化している。

　なお、障害のある被疑者・被告人に対して、障害特性に配慮した弁護人による弁護や、判決後や処分後の更生支援といった弁護士による切れ目のない支援が必要かつ重要であることは論を俟たない。ところが、入口支援において、在宅事件の場合は国選弁護制度がないし、判決後や処分後の活動は国選弁護人としては行えない。出口支援についても同様である。したがって、弁護士による切れ目のない支援が十分に行われないのが実情である。

　そのため、大阪弁護士会の在宅高齢者等援助事業や兵庫県弁護士会の援助事業（寄り添い弁護士）などの独自の取組みが行われているが、総合法律支援法を改正するなどの法整備が急務である。

⑸　更生支援計画の活用の試行

　2016（平成28）年12月14日、「再犯の防止等の推進に関する法律」（再犯防止推進法）が成立した。同法に基づいて策定された再犯防止推進計画では、あらゆる者と共に歩む「誰一人取り残さない」社会の実現の実現のために、国だけでなく、自治体、民間団体等の関係者との緊密な協力をすることや、犯罪をした人が、その特性に応じ、刑事司法のあらゆる段階において切れ目のない指導や支援を受けられるようにすること等が基本方針として定められている。

　このような動きの中、法務省と日弁連との連携のもと、2018（平成30）年4月から東京地裁管内において、翌2019（平成31）年4月から大阪地裁管内において、更生支援計画の活用の試行が始まっている。捜査・公判段階で策定された更生支援計画を、実刑の場合には拘置所へ、保護観察付執行猶予の場合には保護観察所へ送付または持参することで、矯正・保護の担当部署に引き継ぎ、その後の処遇等に活かす試みである。　　　　　　　　　（辻川）

II 障害の定義と特徴

1 身体障害

　身体障害者福祉法（昭和24年法律第283号）の４条では、「この法律において、「身体障害者」とは、別表に掲げる身体上の障害がある18歳以上の者であつて、都道府県知事から身体障害者手帳の交付を受けたものをいう」とされており、別表の記載は次のとおりである。

別表　（第４条、第15条、第16条関係）
　一　次に掲げる視覚障害で、永続するもの
　　1　両眼の視力（万国式試視力表によつて測つたものをいい、屈折異常がある者については、矯正視力について測つたものをいう。以下同じ。）がそれぞれ0.1以下のもの
　　2　一眼の視力が0.02以下、他眼の視力が0.6以下のもの
　　3　両眼の視野がそれぞれ10度以内のもの
　　4　両眼による視野の２分の１以上が欠けているもの
　二　次に掲げる聴覚又は平衡機能の障害で、永続するもの
　　1　両耳の聴力レベルがそれぞれ70デシベル以上のもの
　　2　一耳の聴力レベルが90デシベル以上、他耳の聴力レベルが50デシベル以上のもの
　　3　両耳による普通話声の最良の語音明瞭度が50パーセント以下のもの
　　4　平衡機能の著しい障害
　三　次に掲げる音声機能、言語機能又はそしやく機能の障害
　　1　音声機能、言語機能又はそしやく機能の喪失
　　2　音声機能、言語機能又はそしやく機能の著しい障害で、永続するもの
　四　次に掲げる肢体不自由

1　一上肢、一下肢又は体幹の機能の著しい障害で、永続するもの
2　一上肢のおや指を指骨間関節以上で欠くもの又はひとさし指を含めて一上肢の二指以上をそれぞれ第一指骨間関節以上で欠くもの
3　一下肢をリスフラン関節以上で欠くもの
4　両下肢のすべての指を欠くもの
5　一上肢のおや指の機能の著しい障害又はひとさし指を含めて一上肢の三指以上の機能の著しい障害で、永続するもの
6　1から5までに掲げるもののほか、その程度が1から5までに掲げる障害の程度以上であると認められる障害
五　心臓、じん臓又は呼吸器の機能の障害その他政令で定める障害で、永続し、かつ、日常生活が著しい制限を受ける程度であると認められるもの

　なお、別表第5号については、身体障害者福祉法施行令 (昭和25年政令第78号) の36条で、次のように規定されている。

　法別表第5号に規定する政令で定める障害は、次に掲げる機能の障害とする。
一　ぼうこう又は直腸の機能
二　小腸の機能
三　ヒト免疫不全ウイルスによる免疫の機能
四　肝臓の機能　　　　　　　　　　　　　　　　　　　　　　　（荒木）

2　知的障害と発達障害

(1)　知的障害

　知的障害とは、厚生省「知的障害 (児) 者基礎調査」(2000年6月) における定義によると、①知的機能の障害が、②発達期 (概ね18歳まで) に現れ、③日常生活に支障を生じているため、何らかの特別の援助を必要とする状態にあるものをいう。
　知的障害者福祉法では、一般的な知的障害者の定義規定を置いていない。

そのために、療育手帳（知的障害者手帳）を持っている人を「知的障害者」と呼ぶことがある（狭義）。ちなみに、療育手帳の取得判定基準は各都道府県によって異なるが、知能指数（概ね70以下）だけでなく、日常生活能力（自立機能、運動機能、意思交換、探索操作、移動、生活文化、職業等）の到達水準の両者である。標準化された知能検査（田中ビネー式やウェクスラー式知能検査、新型K式発達検査など）で社会生活年齢（SA）、社会生活指数（SQ）を算定し、総合判断することが多いようである。

　2005（平成17）年の調査までは、統計上、知的障害者の数とされているのはこの狭義の数であったが、2011（平成23）年の厚生労働省「生活のしづらさなどに関する調査」からは、在宅の療育手帳は非所持であるが、長引く病気やけが等により生活のしづらさがある者も対象となった。その結果、日本の知的障害者は741,000人とされている（2014〔平成26〕年度障害者白書）。ただ、一般的に知的障害の発生率は約2％といわれていることから、それでも実際の3分の1程度ではないかと推察されている。

　2013（平成25）年に改訂されたアメリカ精神医学会の診断基準であるDSM-5（精神障害の診断と統計マニュアル）は、それまでの「精神遅滞」の名称を「知的障害」に変更した。

　診断基準も、従前の操作的・機械的な「知能指数の数字」のみによっていたものを大幅に見直して、「相対的な知的能力の高低」よりも「実際的な生活適応能力の高低」を重視するようになった。そのため、DSM-5による知的障害の診断基準は「学力領域（Conceptual Domain）・社会性領域（Social Domain）・生活自立領域（Practical Domain）」において、実際にどれくらいのレベルで適応できているのか、具体的な学習課題・生活状況・人間関係に対してどのように対処しているのかを判定するようになっている。

　障害特性としては、認知（知覚、学習、記憶、思考といった人間の知的作用一般をいう）能力が低い。そのため、①長期記憶が弱い。とくに重要でないと認識しているできごとに関しての記憶が弱いため、事件の細部についての記憶が曖昧である可能性がある。②基本的な知識を獲得していないため、質問の意味を理解できない可能性がある。③衝動性をコントロールできず、注意力を維持することが難しい。④ストレス対処能力が低い。⑤理解力が低い。難しい概念や抽象的な概念は理解しにくいので、自己の法的権利の内容を理

解することに困難がある。⑥複雑な意思決定ができない。自己の行動の長期的な結果を予測する能力が低く、直近の満足を追求する傾向がある。

また、コミュニケーション・スキルが乏しいため、①言語化して表現することが難しい。②迎合性が高い。社会や学校で失敗するという経験を繰り返してきたため、他の人が提示した合図や手がかりなどに頼る傾向が高い。

(2) 発達障害

発達障害者支援法(2005〔平成17〕年4月1日施行)では、「発達障害」とは、「自閉症、アスペルガー症候群その他の広汎性発達障害、学習障害、注意欠陥多動性障害その他これに類する脳機能の障害であってその症状が通常低年齢において発現するものとして政令で定めるものをいう」とされている。

また、2005年4月1日付文部科学事務次官・厚生労働事務次官通知では、「法の対象となる障害は脳機能の障害であってその症状が通常低年齢において発現するもののうち、ICD-10 (疾病及び関連保健問題の国際統計分類) における『心理的発達の障害 (F80–F89)』及び『小児〈児童〉期および青年期に通常発症する行動および情緒の障害 (F90–F98)』に含まれる障害であること。なお、てんかんなどの中枢神経系の疾患、脳外傷や脳血管障害の後遺症が、上記の障害を伴うものである場合においても、法の対象とする」とされている。

文部科学省ホームページでは、特別支援教育の項目に「主な発達障害の定義について」(http://www.mext.go.jp/a_menu/shotou/tokubetu/004/008/001.htm) が記載されている。

なお、DSM-5では、発達障害 (広義) には、神経発達障害という名称が使用され、知的障害のほか、コミュニケーション障害や運動障害なども含まれている。

2016 (平成28) 年6月3日、発達障害者支援法が改正され、発達障害者の定義が、「この法律において『発達障害者』とは、発達障害がある者であって発達障害及び社会的障壁により日常生活又は社会生活に制限を受けるものをいい、『発達障害児』とは、発達障害者のうち18歳未満のものをいう」となった。これは、障害者権利条約を批准したことを受けて、生活の制限は障害と社会的障壁の双方向に因るとの「社会モデル」を採用したもので、障害者基本

法の障害者の定義に合わせたものである。

ア　自閉症スペクトラム障害（ASD）

　文部科学省によると、「自閉症とは、3歳位までに現れ、①他人との社会的関係の形成の困難さ、②言葉の発達の遅れ、③興味や関心が狭く特定のものにこだわることを特徴とする行動の障害であり、中枢神経系に何らかの要因による機能不全があると推定される」とされている。そして、そのうち、知能指数が高い（IQ70以上）高機能自閉症の場合は「アスペルガー症候群」、知能指数が低い（IQ70以下）の場合は「カナー症候群」と称されてきた。

　ところがDSM-5では、『広汎性発達障害（PDD：Pervasive Developmental Disorder)』という概念に代わって、『自閉症スペクトラム障害（ASD：Autism Spectrum Disorder)』という自閉性の連続体（スペクトラム）を仮定した診断名が用いられることとなり、広汎性発達障害のサブカテゴリーである自閉症やアスペルガー症候群が廃止され、レット障害を除くすべての障害名が自閉症スペクトラム障害（ASD）に含まれるようになった。これらは本質的には同じ1つの障害単位であると考えられており、症状の強さに従っていくつかの診断名に分類される。

　典型的には、相互的な対人関係の障害、コミュニケーションの障害、興味や行動の偏り（こだわり）の3つの特徴があるとされる。

　まず、対人関係を築くことが苦手なことが多い。具体的な特徴としては、

・目線を合わすことができない
・周囲に関心がないように見える
・相手の気持ちがわからない
・その場の空気が読めない

などが挙げられる。

　また、コミュニケーションや言葉の発達が遅れる傾向がある。具体的な特徴としては、

・言葉を話すのが他の子と比べて遅い
・人の話したことをオウム返しする
・抽象的な言葉・比喩や皮肉の意味を理解できない
・呼んでも反応しない
・自分の話したいことだけ一方的に話す

などが挙げられる。

　さらに、興味や行動の偏り（こだわり）としてある一定の行動をとる傾向がある。具体的な特徴としては、

・落ち着きがなく、手を動かしたり、部屋の中を行ったり来たりする
・毎日決まった行動をし、予定外の行動はとれない
・１つのものに執着する
・自分の興味があるものに対してとても執着する
・予定外のできごと、初めての人／場所／活動などに抵抗を示す

などが挙げられる。

　なお、これらの特徴に加えて、ほぼすべてのASDの人に何らかの感覚過敏があるとされている。

イ　学習障害（LD）

　厚労省によると、全般的な知的発達には問題がないのに、読む、書く、計算するなど特定のことがらのみがとりわけ難しい状態をいうとされている。有病率は、確認の方法にもよるが２〜10％と見積もられており、読みの困難については、男性が女性より数倍多いと報告されている。

　全般的な知的発達には問題がないのに、読む、書く、計算するなど特定のことがらのみが難しく、日常生活に困難が生じる。特定のことがら以外は問題がないので、障害が気づかれにくく、できるのに、やらないと誤解を受けることが多い。

ウ　注意欠陥多動性障害（ADHD）

　厚労省によると、発達年齢に見合わない多動−衝動性、あるいは不注意、またはその両方の症状が、７歳までに現れるとされている。学童期の子どもには３〜７％存在し、男性は女性より数倍多いと報告されている。男性の有病率は青年期には低くなるが、女性の有病率は年齢を重ねても変化しないと報告されている。

　多動−衝動性、あるいは不注意、またはその両方の症状が現れ、そのタイプ別の症状の程度によって、多動-衝動性優勢型、不注意優勢型、混合型に分類される。

　多動−衝動性の症状には、座っていても手足をもじもじする、歩き回る、じっと座っていることが難しい、しゃべりすぎる、順番を待つのが難しい、

他人の会話に割り込む、などがある。

　不注意の症状には、うっかりミスが多い、課題や作業などの活動に集中し続けることができない、話しかけられていても聞いていないように見える、やるべきことを最後までやりとげない、課題や作業の段取りが下手、整理整頓が苦手、集中力が必要なことを避ける、忘れ物や紛失が多い、気が散りやすい、などがある。

　多動症状は、一般的には成長とともに軽くなる場合が多いが、不注意や衝動性の症状は半数が青年期まで、さらにその半数は成人期まで続くと報告されている。また、思春期以降になってうつ症状や不安症状を合併する人もいる。

（辻川）

3　精神障害

　精神保健福祉法5条は、「この法律で『精神障害者』とは、統合失調症、精神作用物質による急性中毒又はその依存症、知的障害、精神病質その他の精神疾患を有する者をいう」と規定している。

　これによれば、精神障害者とは「精神疾患を有する者」として医学的に定義されることになるが、ここでいう「精神疾患（＝精神障害）」とは、精神上、心理上および行動上の異常や機能障害によって、生活を送るうえでの能力が相当程度影響を受けている状態を包括的に表すものとされる。

　従来、精神障害の分類や診断は、学派によってさまざまな考え方があり、同じ症例に対する診断名が医師によって食い違うことが珍しくなかった。このため、国際的に統一された診断と分類の基準が要請されるようになり、現在、こうした国際的診断基準として、世界保健機関WHOによる精神疾患に関する国際疾病分類と診断ガイドラインICD-10と、アメリカ精神医学会による精神疾患の分類と診断の手引DSM-5が作られ、広く普及している。

　ICD-10もDSM-5も、各疾病ごとに客観的な診断基準が規定され、症例をこの診断基準に当てはめてゆくと自動的に診断が下されるように工夫されており、判定者の主観が入りにくい、いわゆる「操作的診断基準」であることが特徴である。

　現在、精神科医療では、ICD-10やDSM-5による診断が一般化しているが、

このICD-10やDSM-5に掲げられている疾患のすべてが精神疾患＝精神障害に含まれる。そして、ICD-10によれば、自閉症は「心理的発達の障害」の中の「広汎性発達障害」に、アルツハイマー病型認知症は「症状性を含む器質性精神障害」に、薬物依存症は「精神作用物質使用による精神および行動の障害」の中の「依存症候群」に、知的障害は「精神遅滞」に、神経症は「神経症性障害、ストレス関連障害および身体表現性障害」に、パーソナリティ障害（法5条の「精神病質」にほぼ相当する）は「成人のパーソナリティおよび行動の障害」にそれぞれ該当するが、てんかんは含まれない。このICD-10の精神疾患の分類は非常に広汎なもので、たとえば、ニコチン中毒やアルコール中毒も、れっきとした「依存症候群」である。

(1)　統合失調症

ア　一般的症状

　統合失調症の精神症状はきわめて多彩で、精神生活の広い範囲に及び、また発病後の時期により、病型によりかなり異なるが、一般には、以下に述べるような特徴的な諸症状のひとつまたはいくつかが認められる。

① 　考想化声（自分が考えていることが、声になって聞こえてくる）、考想吹入（他者に考えを吹き込まれる）、考想奪取（自分の考えを抜き取られる）、考想伝播（自分の考えが他者に伝播する）

② 　支配される、影響される、あるいは抵抗できないという妄想で、身体や四肢の運動や特定の思考、行動あるいは感覚に明らかに関連づけられているもの、および妄想知覚（実際に正常な知覚がある場合に、それに対して突然了解不可能な特別の意味づけがなされ、それが強く確信されるものをいう。たとえば道を歩いているときに犬が吠えたのを聞き、突然、これは父親が死んだことを知らせているのだと確信するような場合）

③ 　患者の行動に絶えず注釈を加えたり、仲間たちの間で患者のことを話題にしたりする幻声

④ 　宗教的あるいは政治的な身分、超人的な力や能力といった、文化的に不適切でまったく不可能な、他のタイプの持続的な妄想（たとえば、天候をコントロールできるとか、別世界の宇宙人と交信しているといったもの）

⑤ 　どのような種類であれ、持続的な幻覚が、明らかな感情的内容を欠いた

浮動性の妄想か部分的な妄想、あるいは持続的な支配観念（ある思考が強調され、他のすべての思考に優先して精神内界を支配し、この優先性が長時間保たれている）を伴ったり、あるいは数週間か数カ月間、毎日持続的に生じているとき

⑥　思考の流れに途絶（思考途絶。思考の進行が急に中断され思考が停止する）や挿入があり、その結果、まとまりのない、あるいは関連性を欠いた話し方をしたり（連合弛緩）、言語新作（自分で勝手に新しい語を作り、これに自分だけに通じる特別な意味を与える）がみられたりするもの

⑦　興奮（緊張病性興奮。急激に起こる精神運動興奮で、意志による統制を欠き、状況との関連や行為の一貫性がなく、了解不能な興奮）、常同姿勢（同じ姿勢を長時間持続する）あるいは蝋屈症（他から与えられた肢位や姿勢を長時間保持する）、拒絶症（すべての外的命令に対して拒否的態度をとる）、緘黙、および昏迷（意識が清明なのに表出や行動など意志発動がまったく行われなくなった状態）などの緊張病性行動

⑧　著しい無気力、会話の貧困、および情動的反応の鈍麻あるいは不適切さのような、普通には社会的引きこもりや社会的能力の低下をもたらす症状

⑨　関心喪失、目的欠如、無為、自分のことだけに没頭した態度、および社会的引きこもりとして明らかになる、個人的行動のいくつかの局面の全般的な質に見られる、著明で一貫した変化

　これらの症状は、①〜⑦のような派手な「陽性症状」と、⑧⑨のような正常な精神機能の減少あるいは欠如を示す「陰性症状」に大別される。統合失調症の場合、一般には陽性症状が連想されるが、陽性症状に対しては薬物療法に反応もよく、コントロール可能である。むしろ、自閉を主体とする陰性症状の方が統合失調の中核的症状と考えられており、この点から、ミンコフスキーは統合失調症の人間存在としてのあり方を「現実との生きた接触の喪失」と捉えた。

イ　統合失調症の分類

　統合失調症は、その症状・経過・予後などの特徴から、妄想型、破瓜型（解体型）、緊張型に分類される。

　妄想型統合失調症は最も一般的な統合失調症の亜型で、妄想や幻覚などのいわゆる陽性症状を主とし、陰性症状は比較的顕著でないものをいう。経過

とともに妄想が次第に発展し、1つのまとまった妄想体系を形成することがある。発病時期は破瓜型、緊張型よりも遅い傾向にあり、発病後の経過は部分寛解や完全寛解に至ることもあれば、慢性化することもある。

　破瓜型統合失調症は青年期（破瓜期、思春期）の15〜25歳に発病し、感情・意欲の鈍麻、自閉傾向などいわゆる陰性症状が前景に立ち、幻覚・妄想はないか、あっても断片的である。発病は学業や職務能力の低下、理由のはっきりしない欠席・欠勤などで始まり、次第に閉居して無為な生活を送るようになる。症状は直線的に進行あるいは少数回の病勢増悪を繰り返しながら、慢性に進行して、予後不良となる。

　緊張型統合失調症は破瓜型と同じく青年期に急激に発病し、緊張病性の興奮、昏迷など主として意欲・行動面の異常からなる精神運動性障害を示す。緊張型統合失調症は先進国家では今や稀な症状となっているものの、その他の国々では依然としてよくみられるが、その理由は十分明らかになっていない。

ウ　症状と病識

　統合失調症の発病初期には神経衰弱様の状態がみられることが多く、患者は抑うつ気分、思考力・記憶力の低下、頭重、倦怠感、易疲労感、不眠などを訴え、口数が少なく、家に閉じこもりがちになる。この時期の患者は、「何かが変わっている」というような、漠然とした自己の変容感を感じることはあるようだが、これを言語化して他者に伝えることはあまりなく、したがって、医療の場に援助を求めることは多くない。中には不安になって精神科の医療機関を受診する人もいるが、そのような場合、患者は自分の症状を統合失調症とは考えず、うつ病や神経症性の疾患であると考えているのが通常である。

　症状が進展して、急性期ないし増悪期（シュープ）の時期になると、妄想気分（周囲の世界がなんとなく変わってきたように感じ、周囲で起こるできごとが何か意味がありそうで不気味であり、大きな事件が起こりそうで不安に感じられる状態）や妄想知覚といった統合失調症に特有の症状が現れてくるが、この場合、患者は変わってしまったのは世界・外界・他者であると考えており、概ね病識はない。

　症状の増悪が一段落して寛解に至った後、事後的に「あれは病気のせい

だったのか」という形で本当の病識が生じることになる。しかし、妄想型統合失調症では、このような形式の病識を獲得することも困難なことがしばしばである。

エ　治療方法

統合失調症に対する治療は薬物療法、精神療法、社会的療法（環境療法）が三本柱である。

薬物療法が今日の開放医療やコミュニティケアを可能にさせたといっても過言ではない。とくに陽性症状に対しては効果的である。このため薬物の維持投与が重要になるが、いつも適切な薬物の投与を行っているかの治療者側要因と、服薬を正しく継続しているかの患者側要因とで維持が困難となる場合がある。前者は過剰投薬が、後者は服薬中断が主な問題である。

精神療法は、病気を含めて自分自身の理解を促す方向、周囲とくに家族など身近な人との関係を調整する方向、心配なこと不安なことを上手に回避することを学ぶ方向などがある。個人のカウンセリングを中心にするものから、グループを形成して行う集団療法、生活そのものを治療的にする治療共同体、家族関係の変化によりコミュニケーションのあり方を改善する家族療法、教育的配慮をした生活技術訓練、作業療法など種々である。いずれも病状に合わせて安心と安全、信頼を回復していくことが目的となる。そして正しい病気理解を得て生活をしやすい人間関係（治療関係）を形成することが目的となる。

社会的療法（環境療法）は近年わが国でも進歩してきた領域である。障害をもった生活者として病気を理解する必要がある。社会資源としては、自立した生活が困難な場合は援助付き住居（グループホーム、援護寮）、就労に支障があるときには職業的リハビリテーションとして共同作業所、職場適応訓練、授産施設などがある。このほかに在宅生活を支援するための訪問活動（訪問看護、保健婦による訪問）、集う場所としてソーシャルクラブなどがある。障害をもったまま普通の社会生活をする「ノーマライゼーション」の考えが少しずつ定着しつつあるものの、これらを障害者の市民的権利として見守り支援してゆくことが求められている。

オ　入院期間

統合失調症の入院期間は、病型、病像によって異なるが、概ね３カ月から

６カ月程度というのが目安となる。急性期に入院した場合、急性期の混乱が治まるのに１カ月から３カ月、その後ある程度の活動性や社会生活能力が回復するのに１カ月から３カ月程度は必要である。

　他方、症状が遷延化したり、家族等の受入体制が整わないなどの原因で入院が長期化すると、入院生活が固定化してしまい、生活機能が低下するなどして、そのことがさらなる入院の長期化を招くという悪循環に陥る。こうした形で入院が長期化すると、症状が改善されても退院に結びつかず、ついには病院が終の住処となる、いわゆる「社会的入院」の状態に陥る。日本では長らく入院中心主義の精神科医療が続けられてきた結果、精神科病院に諸外国と比して群を抜いた社会的入院患者が滞留しており、その解消が課題となっている。

カ　予後と再発

　統合失調症の予後については、かつては、４分の１が治癒、４分の１が軽症の欠陥状態、４分の１がやや重症の欠陥状態、４分の１が治療困難で重篤な人格荒廃に至るといわれていたが、近年は軽症化が指摘されており、治癒に完全寛解（服薬下あるいは医療的な関与の下でほとんど症状を呈さない状態）を加えれば、全体の４割ないし６割は治癒ないし完全寛解の状態に達しているのが現状である。

　統合失調症も一般の身体疾患と同様に、心身のストレスが再発の引き金になる。家族の関わりの問題も大きく、家族の患者に対する感情表出の仕方如何が再発の原因となることが知られている。具体的には、患者に対する攻撃、拒絶、侮蔑、叱責などである。統合失調症の人は対人関係に過敏であり、かつ、その処理が下手な人が多いため、一番身近な家族との感情的葛藤が再発の引き金になりやすいといえる。したがって、患者への感情表出について、家族に対する指導・教育が重要になってくる。

　再発のもうひとつの原因は、通院や服薬の中断によるものである。とくに服薬を中断すると高率で症状再燃が起こる。退院後服薬を中断すると、社会的ストレスなどのために容易に再発し、入院と退院を繰り返すことになるので、通院・服薬の中断を招かないようにすることが必要となる。その意味で、統合失調症との付き合い方は、成人病のそれと似たところがある。

(2) 気分(感情)障害

　うつ病の分類について、従来はこれを内因性うつ病、神経症性うつ病あるいは反応性うつ病に分ける分類が広く用いられてきた。内因性うつ病とは統合失調症と並ぶ代表的な内因性精神病とされ、現在は解明されていないが何らかの身体的基礎が見出されるであろうと想定されているものであるのに対し、神経症性うつ病とは神経症の範疇に属するもので、神経症性の葛藤と関係のある体験を契機に反応的に起こるうつ状態をいう。

　しかし、最近では、内因性とされてきたものも外部の誘因を契機に発病する場合があるという考え方が一般になり、内因性と反応性との区別が容易でないことから、こうした区別は次第に用いられなくなってきている。国際的な診断基準であるICD-10やDSM-5では、気分(感情)に関する障害である気分(感情)障害ないし双極性障害という大分類の中で、従来の躁病に相当する躁病エピソード、従来の躁うつ病に相当する双極性感情障害、従来のうつ病に相当するうつ病エピソード、反復性うつ病性障害といった分類がされており、内因性・神経症性(あるいは反応性)という区別はされていない。

　うつ病(うつ病エピソード、反復性うつ病性障害)では、①抑うつ気分、②興味と喜びの喪失、③活力の減退による易疲労感の増大や活動性の減少が最も典型的な症例であり、その他、一般的な症状としては、④集中力と注意力の減退、⑤自己評価と自信の低下、⑥罪責感と無価値感、⑦将来に対する希望のない悲観的な見方、⑧自傷あるいは自殺の観念や行為、⑨睡眠障害、⑩食欲不振、がある。

　躁病(躁病エピソード)では、高揚した気分、身体的・精神的な活動性の増加が特徴である。通常の社会的抑制が失われ、注意を保持できず、自尊心は肥大し、誇大的あるいは過度に楽観的な考えが気楽に表明される。精神病症状を伴う重症のものでは、誇大妄想や宗教妄想が顕著になったり、観念奔逸(観念が次々と湧き出し、観念の連合が論理よりも好き嫌いなどの感情傾向や語音の類似などによって行われるために、思考のまとまりがなくなり、一定の目標に向かう理論的思考が不可能になるもの)のために患者の言っていることが了解不能になり、重篤で持続的な身体的活動性と興奮は、攻撃や暴力に至ることもある。

　躁うつ病(双極性感情障害)は、躁病エピソードとうつ病エピソード(ある

いは反復性うつ病性障害）の両極が反復する病態である。

　こうした気分障害のうち、躁うつ病の有病率はそれほど高くないが、うつ病の有病率は非常に高く、ある調査によれば、うつ病の生涯有病率は14.0%（男性7.3%、女性18.5%）に達している。

　これらの気分障害は「リズムの病」の側面があり、治療はこの観点より組み立てられる。睡眠を確保し、休息と活動の生活リズムを回復させていくこと、余分な刺激を避け興奮を静め、不安を軽減することがそれにあたる。稀に遷延したり、反復を繰り返す難治例もあるが、多くは休息と薬物療法に反応して回復する。

(3)　神経症

　一般に精神障害の成因は、身体的原因（身体因）と精神的原因（心因）に分けられ、身体因は内因と外因に分けられる。外因とは外部から加えられた原因という意味であるが、精神医学では脳の疾患や、ホルモン異常のように身体的原因が明らかな場合を外因精神病という。内因精神病とは、身体的基礎があると想定されているものの未だ明確な成因が不明なもので、統合失調症や内因性うつ病がこれに当たる。これに対して心因とは「こころ」が原因で症状が生じることを意味し、神経症とはこの心因によって症状が引き起こされた状態をいう。

　他方、精神病という用語は2通りの意味に用いられる。ひとつは精神病を身体的基礎をもつものに限るドイツ語圏精神医学の考え方で、この考え方によれば、外因精神病や身体的基礎があると想定される内因精神病が精神病とされる反面、心因性のものは原則として精神病とはみなされない。もうひとつは精神障害を程度の差によって精神病と神経症に分けるフロイト以来の精神分析学派の考え方で、この考え方によれば、神経症とは精神病に至らない程度の軽症のものを指すことになる。

　いずれにせよ、神経症という用語は、その成因が心因とみなされる症状を指していたものだが、最近、従来は神経症の一種とされていたパニック障害が特定の物質の使用によって確実に誘発されることがわかり、神経症という概念に対する批判が強まっている。このため、DSM-5では、従来神経症として一括されていたものは、不安障害、強迫性障害、心的外傷障害、解離性障

害、摂食障害等として並列的に記載されている。

これに対してICD-10では、不安障害、強迫性障害などと障害を列挙しつつ、これらを総括する概念として神経症性障害という用語を残している。

神経症性障害の症状は分類ごとに多様だが、その根底には、欲求が満たされないで生じる欲求不満、個体の存在が脅かされたときに生じる不安があると想定されている。

ア　パニック障害

不安障害の一種で、特別な状況や環境的背景に限定されず、したがって予知できずに突然起こる反復性の重篤な不安発作（パニック発作）を主な病像とする。

主要症状は患者によって異なるが、動悸、胸痛、窒息感、めまい等の突発が共通した症状である。患者は突然襲う動悸や息苦しさのため、今にも死にそうな恐怖感に襲われ、苦悶症状を示してうずくまり、大騒ぎをして病院に運ばれるが、多くの場合、医師の診察を受ける頃には不安発作が治まっている。パニック発作の際に呼吸促迫のために過呼吸が起こり、その結果二次的に四肢末端のしびれ感、冷感、苦悶感などが生じることがあり、これは過呼吸症候群と呼ばれる。

近時、乳酸ソーダなどパニック発作を引き起こす物質（パニック誘発物質）が見つかり、パニック障害は心因だけでなく、何らかの身体的成因も作用して引き起こされると見られるようになっている。

イ　外傷後ストレス障害（PTSD）

自然災害、激しい事故、他人の変死の目撃、拷問・強姦その他の犯罪の犠牲になることなどの例外的に著しく脅威的あるいは破局的な性質をもったストレスの多いできごとあるいは状況に直面した者が、その後数週間から数カ月後に発症する障害。

典型的な症状としては、ある種の「無感覚」と情動鈍化、他人からの離脱、周囲への鈍感さ、外傷を想起させる活動や状況の回避と、それにもかかわらず生じるフラッシュバック（侵入的回想）、夢の中で反復して外傷を再体験することなどである。普通は自律神経の過覚醒状態、強い驚愕反応、不眠が認められ、不安、抑うつを伴い、自殺念慮も稀ではない。多くの例では回復が期待できるが、一部では慢性に経過し、持続的人格変化に移行することがある。

ウ　解離性障害

　解離性障害とは従来ヒステリーと呼ばれていたもので、①過去の記憶、②自己の同一性意識、③身体運動のコントロールなどの間の正常な統合が部分的にあるいは完全に失われているものである。

　正常な状態であれば、どのような記憶を思い出すか、どのような運動を行うかを意識的にコントロールできているのが、解離性障害では意識的で選択的なコントロールを行う能力が障害されている。

　解離性障害には、重要なできごとについて記憶喪失を起こす解離性健忘、不快な体験から逃れるために家庭や職場から離れる旅に出て行方不明となり、あとで発見されたときにその期間のことを覚えていない解離性遁走、四肢の全部あるいは一部が麻痺したり、声が出せなくなる解離性運動障害、繰り返しさまざまな身体症状を訴え、医師がその症状には身体的基盤がまったくないと保証するにもかかわらず、医学的検索を執拗に要求する身体表現性障害などがある。

　解離性同一性障害（多重人格障害）は解離性障害の一種で、２つ以上の別個の人格が同一個人にはっきりと存在し、そのうち１つだけがある時点で明らかであるものをいう。この障害がマスコミ等で取り上げられるに従い、この障害があることを訴える症例が増加したが、この障害が実際にはどの程度存在するか、また、どの程度医原性であるか（解離性の傾向のある患者に対して治療者側が多重人格を疑って接すると、その暗示効果によって実際に別人格を作り出してしまうことがあるのではないかという議論）、あるいは文化特異的であるか等について議論が分かれている。

(4)　パーソナリティ障害（人格障害）

　パーソナリティ障害とは、人格ないし性格が平均から偏っているパーソナリティ異常（いわゆる奇人、変人）のうち、「その異常性のために自分自身が悩み、あるいは社会が悩む」もので、かつてシュナイダーにより精神病質と呼ばれていたものに相当する。

　パーソナリティ障害はその偏りの内容により、非社会性パーソナリティ障害、境界性パーソナリティ障害、演技性パーソナリティ障害等々に分類されている。

パーソナリティ障害の治療としては、そのパーソナリティ特徴から二次的に発生した苦悩（たとえば社会との軋轢がもたらすストレス等）を軽減するという側面に関しては、たとえば、抑うつ状態、不安状態に対して抗うつ剤、抗不安剤等による薬物療法を施し、あるいは、種々の精神療法で本人に自己のパーソナリティについての自覚、内省を促す等の対応が考えられるが、そのパーソナリティ特徴そのものを治療によって改変することは困難で、このため、パーソナリティ障害そのものは治療の対象にならない（治療反応性がない）とする見解も根強くある。

ア　非社会性パーソナリティ障害

　非社会性パーソナリティ障害は、行動と一般的な社会的規範との間の不一致のために注意をひくパーソナリティ障害で、以下のような特徴ないし行動のうち少なくとも３つが認められるものをいう。

① 　他人への冷淡な無関心

② 　社会的規範、規則、責務への著しい持続的な無責任と無視の態度

③ 　人間関係を築くことに困難はないにもかかわらず、持続的な人間関係を維持できないこと

④ 　フラストレーションに対する耐性が非常に低いこと、および暴力を含む攻撃性の発散に対する閾値が低いこと

⑤ 　罪悪感を感じることができないこと、あるいは体験、とくに刑罰から学ぶことができないこと

⑥ 　他人を非難する傾向、あるいは社会と衝突を引き起こす行動をもっともらしく合理化したりする傾向が著しいこと

　以上の特徴は、累犯者においてしばしばみられるパーソナリティ特徴であり、論者によれば、慣習性累犯者の５〜６割以上が非社会性パーソナリティ障害者であるとされる。

イ　境界性パーソナリティ障害

　境界性パーソナリティ障害はDSM-5で認められているパーソナリティ障害の類型で対人関係、自己像、感情の不安定および著しい衝動性を伴い、以下のうち５つ以上の特徴ないし行動が認められるものをいう。

① 　現実に、または想像の中で見捨てられることを避けようとするなりふりかまわない努力

② 理想化とこき下ろしの両極端を揺れ動くことによって特徴づけられる不安定で激しい対人関係様式

③ 同一性の混乱：著明で持続的に不安定な自己像または自己感

④ 自己を傷つける可能性のある衝動性で、少なくとも２つの領域にわたるもの（例：浪費、性行為、物質乱用、無謀な運転、無茶食い）

⑤ 自殺の行動、そぶり、脅し、または自傷行為の繰り返し

⑥ 顕著な気分反応性による感情不安定性（例：通常は２〜３時間持続し、２〜３日以上持続することは稀な、エピソード的に起こる強い不快気分、いらいら、または不安）

⑦ 慢性的な空虚感

⑧ 不適切で激しい怒り、または怒りの制御の困難（例：しばしば癇癪を起こす、いつも怒っている、取っ組み合いのケンカを繰り返す）

⑨ 一過性のストレス関連性の妄想様観念または重篤な解離性症状

　この境界性パーソナリティ障害に関連して、境界例と呼ばれてきた症状がある。境界例という用語は、元来、神経症と精神病の境界に位置づけられる精神障害という意味で、従来、境界例と呼ばれてきた症例の症状をまとめると、①強烈な感情（敵意、抑うつ）の存在、②衝動行為（自傷、薬物乱用、売春）の既往歴、③それにもかかわらず社会適応がよいこと、④短い精神病体験（妄想性）の存在、⑤ロールシャッハ検査など構成の堅くない心理テストでの奇異で非論理的な反応（軽い思考障害）、⑥対人関係で表面的人間関係と依存的な深い関係との間を揺れる、などである。

　歴史的にみると、境界例を神経症の仮面を被った統合失調症として統合失調症圏に含める立場と、これをパーソナリティ障害、すなわち境界性パーソナリティ障害とする考えがあり、現在では後者の考えが主流を占めている。DSM-5では、境界例はパーソナリティ障害の項に含められ、精神病と境を接する重いものは統合失調症型パーソナリティ障害、軽度のものは境界性パーソナリティ障害と名づけられている。

⑸　依存症

ア　薬物依存

　薬物依存とは、広い意味では薬物の常用によって起こる精神障害の総称と

して使用されるが、より狭義には、薬物の作用による快楽を得るため、あるいは離脱による不快を避けるために、有害であることを知りながらその薬物を続けて使用せずにはいられなくなった状態を指す。依存には身体的依存と精神的依存とがある。身体的依存とは薬物の使用を中止すると離脱症状（禁断症状）を示すことをいい、精神的依存とはその薬物を使用せずにはいられなくなった精神状態を指す。一般に薬物依存というときには身体的依存を思い浮かべることが多いが、薬物依存の中心的課題はむしろ精神的依存のほうにある。

　薬物依存の成立には人格要因と環境要因がさまざまな形で関与する。薬物依存を引き起こす薬物使用者の心的機制としては、①神経症性のもの（不安による内的緊張を緩和し、現実から逃避する手段として薬物が用いられる）、②葛藤の行動化（攻撃性が強く非現実的な行動化に向かうもの）、③単純な快楽の追求、④特定集団への同一化の希求などが考えられる。わが国で主に問題となる薬物はアルコール（依存という観点からは、アルコールも薬物の一種と位置づけられる）、覚せい剤、シンナーである。最近では精神安定剤や鎮静剤、咳止め薬などの常用薬物依存をきたすケースや、コカイン、マリファナ、モルヒネなどの麻薬への依存をきたすケースもあるが、数としては少数である。

イ　アルコール精神疾患

　アルコール精神疾患は症例も多く、身近な病気といえる。

　アルコールを飲用したことに伴う種々の精神的・身体的中毒症状のことを精神医学用語では急性アルコール中毒（酩酊）といい、症状の内容・程度によって単純酩酊・複雑酩酊・病的酩酊に分類する。

　これに対してアルコールに対する依存状態が生じているのがアルコール依存で、アルコールを大量に継続的に飲酒した結果、飲酒に対するコントロールを失い、連続飲酒をきたす。アルコールを断つと、それに引き続いて手の震え、発汗、焦燥感、不眠などの自律神経症状を主とする離脱症状（禁断症状）を呈する。この離脱期に幻聴、幻視（壁に小動物が多数うごめいているのが見える小動物視）や、せん妄状態（意識障害の状態のひとつで、意識混濁に加えて錯覚、妄想があり、興奮、不穏状態を示したり、うわごとなどを示す）など精神病状態をきたすとアルコール精神病と診断する。

ウ　覚せい剤依存

　覚せい剤はアルコールと異なった依存を示す。

　中枢神経系に覚醒作用をもち、気分発揚、多幸・万能感、多弁、不安・焦燥などを生じ、極期には幻覚や妄想を引き起こす（覚せい剤急性中毒）。

　依存の状態に至ったときは、明確な幻覚妄想は伴わないものの、覚せい剤の使用量が増加し、渇望が強くなるので使用を抑制できなくなる。生活の中心に覚せい剤の入手と使用があり、使用を中止しても容易に再開してなかなか絶つことができない（覚せい剤依存症）。

　覚せい剤の慢性毒性により、持続性精神病状態を起こす場合があり、1回の使用や他の薬物の使用、暗示だけでも幻覚の出現（フラッシュバック現象）をみることもよく知られている。また、統合失調症とよく似た人格変化をきたすことも報告されている（覚せい剤精神病）。

エ　シンナー依存

　シンナーはアルコールに似て中枢神経に抑制的に働く。しかし、幻覚は連続使用時に認められ、中毒性精神病に入る。また、覚せい剤と同様の持続性精神病状態やフラッシュバック現象も報告されている。明確な離脱症状を示さない点でも覚せい剤と類似している。

　シンナーは多くは少年が使用し、青年期には終了するか他の薬物に移行する。しかし稀に大人になっても継続して使用する症例もあり、この場合は覚せい剤以上に依存から脱却することが困難である。

オ　薬物依存に対する治療

　薬物依存に対する治療は大きく分けて2つの段階に分けられる。急性期の症状（酩酊や精神病状態）に対する離脱治療と、薬物依存からの回復を目指す治療ないしリハビリテーションである。

　離脱治療は体内の薬物を抜く段階で、1日から長くて2週間以内に終了する。わが国では専門の離脱治療センターがなく、精神科病院や拘置所が離脱の役割を担っているのが現状である。依存の治療については、まず入院中に離脱治療に続いて断酒・断薬の動機づけを行い、退院後のリハビリテーションにつなげる。その際、依存者が自ら集まって体験を語り合い、互いに励まし合って依存を断ち切ってゆこうとする自助グループが有益であり、アルコール依存者のための断酒会や薬物依存者のためのダルク、NAなどがある。

⑹　精神科における薬物療法

　精神科で使用される薬物はその効果の反面、眠気やだるさ、ふらつきや振戦（ふるえ）などの副作用も多い。このため服薬の継続が必要であるにもかかわらず、中断する例が多くみられ、症状再発の一因となっている。

　精神科で使用する薬物は大きく3つのカテゴリーに分類できる。抗不安作用や催眠作用をもたらす系統の薬剤（穏和精神安定薬minor tranquilizers、抗不安薬）、抗精神病作用を有する薬剤（強力精神安定薬major tranquilizers、抗精神病薬）、気分障害に使用される抗うつ剤や抗躁剤である。

　これらのいずれの薬物も眠気やふらつきが生じる。抗不安薬は脱力感、酩酊感、長期大量使用では薬物依存をきたす。抗精神病薬は筋強直や振戦などのパーキンソン症候群、じっとしていられない着座困難（アカシジア）などの症状、口渇、便秘時の腸管麻痺などの消化器症状などが生じる。

　重篤な副作用として、遅発性ディスキネジアと悪性症候群がある。遅発性ディスキネジアは長期に服用した結果起こる非可逆性の不随意運動で、舌や口唇に好発する。若年者では頸部や腰の異常な屈曲（ディストニア）となる場合もあり、このために社会復帰が困難となる場合もある。悪性症候群は抗精神病薬投与中に、40度近い発熱とともに、著しい筋強直、振戦、嚥下困難などの錐体外路症状、無動無言あるいは激しい興奮、頻脈、発汗・唾液分泌過多などの自律神経症状が急激に出現し、適切な処置を講じないと死に至ることも稀ではない。

　これらの薬物を使用する際のインフォームドコンセントは一般的に満足すべき水準のものとはいえない。殊に副作用についての説明は不十分なことが多く、重篤な副作用についてはまったく触れられないこともある。今後の課題として残されている領域だといえる。

（大槻）

4　認知症

　世界保健機構（WHO）や国連の定義によると、高齢化率（65歳以上の人口が総人口に占める割合）が7％を超えた社会を「高齢化社会」、14％を超えた

社会を「高齢社会」、21％を超えた社会を「超高齢社会」という。日本は1970（昭和45）年に高齢化社会、1994（平成6）年に高齢社会になり、2007（平成19）年には高齢化率は21.5％となり、超高齢社会に入った。2018（平成30）年のデータでは、高齢化率は28.1％で、総人口が減少する中で65歳以上の者が増加することにより今後も日本の高齢化率は上昇傾向が続くとみられており、世界的にも注目されている。

　このような人口の超高齢化に伴い、認知症患者の権利擁護が社会的な問題となってきた。認知症患者自体は昔から存在したのであり、「痴呆」と呼ばれていたが、絶対数が少なかったため表立つことが少なかったと思われる。有吉佐和子氏が『恍惚の人』を書いたのは1972（昭和47）年であったが、その後、認知症をテーマにした映画が多数制作されるなどしてきた。超高齢社会が到来した現在では、認知症は、親族や自分自身も含め誰もが罹りうる病であり、国民にとって極めて身近な病のひとつとなっている。

　民事事件では、JR東海事故事件で最高裁が親族の民事責任を否定したが、そのほかにもさまざまな分野で認知症患者の権利擁護を図る取組みがなされている。

(1)　刑事事件と認知症

　そんななか、最も認知症への取組みが遅れているのが、刑事事件の分野ではないかと思われる。認知症に携わる医師たちにとっても、刑事事件や刑事施設内処遇は日頃見る機会がなく、縁遠く感じられる分野のようである。

　それゆえ、刑事事件の分野では、弁護人も家族も認知症に気づかないまま、医師の介入もなく、多数の認知症患者が「犯罪者」として刑務所に送られ、その症状に合わない処遇を受けて、症状を悪化させていると思われる。刑務所側も、刑罰の執行の意味を理解できない患者らを送り込まれ、介護に疲弊しながら耐えている実情にある。

　このような事態を改善していくためには、弁護人が認知症を理解して、①捜査段階から気づきを得て医療関係者につなぐこと、そして、診断を得た後は、②公判において、事案によっては責任能力主張も含めた有効な立証活動を展開すること、が必要となってくる。医師との連携が不可欠であり、今後、各地での連携体制の構築が望まれるところである。

⑵　刑事事件で問題となりやすい認知症

　認知症の中で四大認知症と呼ばれるものは、①アルツハイマー型認知症、②脳血管性認知症、③レビー小体型認知症、④前頭側頭型認知症である。

　この中で、刑事事件として最も問題になるのは、認知症の中で最も数の多い、①アルツハイマー型認知症と、④記憶や言語に障害が出ず、社会的行動の抑制がきかなくなる形で症状が現れる前頭側頭型認知症と思われる。前頭側頭型認知症では、言語や記憶に障害がなく、言い訳もできるため、刑事司法の過程では発覚しにくく、むしろ犯情の悪い、反省していない人物として誤解を受けやすい。他方、③レビー小体型認知症は、症状の日内変動が激しく、進行も早く、幻視がはっきり見えるなど、法曹関係者にも比較的わかりやすい症状を呈するため、裁判までの過程で発覚しやすいのか、刑事司法ではあまり問題にはなっていないようである。また、②脳血管性認知症については、脳出血や脳梗塞が脳のどの部位で起こったかによって症状がまったく異なるため、ひとまとめにして論じるのは困難である。

ア　アルツハイマー型認知症

　認知症の中で最も多いタイプで、年齢が高くなるほど発症率が上がっていく。初期には物忘れが目立ち、記憶障害が出る。忘れたという認識がある通常の物忘れと異なり、「忘れたこと自体を忘れている」など、物忘れの自覚に乏しいのが特徴である。

　次第に、見当識障害(季節や日時、場所、周囲の人などがわからなくなること)や、視空間の認知機能の障害(空間図形が書けない。洋服が着られなくなったり、ネクタイなども締められなくなる)、失語障害なども出てくる。また、身近な人に物を盗られたという「物盗られ妄想」は、最もよく面倒を見ている人に向けられるという特徴があり、ときに暴力行為や傷害結果に発展することもある。

　さらに、徘徊などの周辺症状も出ることがある。

イ　前頭側頭型認知症

　認知症全体の中で占める割合は少ないものの、刑事裁判との関係で最も見過ごされやすく、問題になりやすい認知症は、前頭側頭型認知症であろう。まず、その多くが64歳以下で発症する若年性認知症のため、患者はまだ50

代、60代と若い。そのため、高齢であることが多いアルツハイマー型と異なり、病気に気づかれにくいのである。また、うつ病と誤解されていることも多い。

　さらに、前頭側頭型認知症では、初期には物忘れが目立たず、取調べでの受け答えもすることができ、言い訳を求められればそれなりの応答をするため、反省のない、不合理な人物と思われやすい。主に障害されるのは、前頭葉という脳の前の部位であるが、この部位は、本能的な衝動を抑制して理性的に振る舞ったり、他人の気持ちを推し量ったり、物事を計画・実行したり、物事への興味や関心を維持する機能を有している。そのため、この部位が障害されると、本能のまま、欲望のまま、周囲の状況や他者の感情を配慮しない、反社会的で抑制の外れた行動が目立ち始めるのである。

　このような抑制の外れた行動は、欲しいと思った店頭の商品を堂々と持ち出してしまうといった万引きや、多数の交通違反（刺激に煽られやすく、車間距離をとれなかったり、高速道路を逆行したりするのも、この前頭側頭型認知症が多い）、比較的軽微な性犯罪などになって現れることがある。同じ行動にしつこく固執する常同行動の出現、甘い物、辛い物ばかり好む味覚の異常や同じ物ばかり食べ始めるなどの食行動の異常、無関心や意欲の低下なども特徴的である。本来的には暴力性はないが、自分がやろうと思っている行動や常同行動を遮られると激しく怒り、暴力に出ることもある。本人としては、自分が、犯行当時、なぜそのような犯罪行動に出たのかはよくわからないが、後から責められれば、それが違法行為であること自体はわかるため、自己の行動の説明に苦しみ、しどろもどろの言い訳をすることになるのである。

　弁護士としては、不合理な言い訳を繰り返す人間と決めつけるのではなく、後述するように、行為に至った経緯や行為態様の異常性（大胆であることが多い）、被告人の本来の人となりとの違和感などに十分気を配る必要がある。

(3)　刑事弁護における注意点
ア　捜査段階での気づき
　捜査段階で、家族あるいは弁護士が、認知症の疑いに気づくことができる

かどうかは、重大な問題である。家族あるいは弁護士が気づいていなければ、認知症患者は単なる犯罪者として、しかも、その多くは犯情の悪い犯罪者として刑務所に送り込まれてしまうからである。

　では、どのような視点をもっていれば、認知症の疑いに気づけるのか。第1には、この人がこんな行動に出るのはおかしいのではないかという違和感に敏感であること、第2には、認知症の症状に関する知識を弁護士がある程度もつことが必要なのではないかと思われる。

　まず、第1の違和感に敏感であることとは、犯罪をやっているのは間違いない以上、あとは何も問題にならないというような、問題意識の低い、犯罪者と決めつけた視点で対象者を見るのではなく、行為のいきさつや態様をよく聞き取り、その唐突さや違和感に対して敏感であること、また、対象者本人の訴えや家族の訴えにもよく耳を傾け、対象者の人生や人となりを感じ取って、対象者がこれまで送ってきた人生と犯罪行為との違和感を感じとることなどを指している。

　このような「弁護士の感性」は、なにも認知症の刑事事件だけで求められるものではなく、民事事件も含めたあらゆる事件で、多様な事件を経験する中で培われていく感性ではないかと考える。ただ、そうはいっても、認知症に関する知識や体験がまったくなければ、対象者の認知症の疑いに気づけないのが通常であろう。その症状を大まかにでも知識として知っている必要がある。超高齢社会を迎えたこれからの日本では、個別の弁護士の努力だけに頼らず、弁護士会をあげて、認知症研修などに励んでいく必要があると思われる。

イ　裁判における立証活動

　裁判における立証活動としては、認知症を診断できる医師との連携が必要不可欠となる。①万引き窃盗のように、保釈を得られる事案であれば、認知症に詳しい医師の診察を受け、意見書等を提出するのが望ましい。②保釈を得られない事案であれば、検察側の簡易鑑定を求める、拘置所等まで出張してくれる医師を探す、そのようにして得られた資料をもって、鑑定請求を行うなどの手法が考えられるであろう。

　重症のアルツハイマー病や前頭側頭型認知症などでは、責任能力が否定され、心神喪失とされる場合も十分ありうるため、立証段階においては、医師

の出廷を前提に、DSM-5やICD-10の診断基準への当てはめを意識した立証活動を行っておくべきである。その際には、①認知症の診断基準を意識した医師の主尋問の準備はもちろんのこと、②普段の日常生活の中で、その診断基準に当てはまる症状について、家族や介護者など日常的に被告人と接している人物から証言を十分に引き出す証人尋問を工夫しなければならない。

　心神喪失の主張をなす場合は、鑑定請求が不可欠と思われるが、執行猶予や再度の執行猶予が法律上可能な事案では、被告人や家族の負担を考え、正式鑑定までは求めないという選択肢はありうると思われる。認知症が疑われる被告人は高齢者が多く、仮に前頭側頭型認知症のように若年で発症している場合であっても、認知症のためストレス耐性が弱くなっており、長期の裁判に耐えられないケースも多々みられるからである。ただ、その見極めは慎重になされなければならず、安易に認知症なのだから執行猶予をもらえるはずだといった思い込みをしないように気をつけなければならない。　　　（西谷）

III　障害者弁護に必要な連携

1　福祉との連携──「大阪モデル」

⑴　「大阪モデル」の概要

　「大阪モデル」とは、被疑者・被告人（以下、「本人」という）に障害があったり、その疑いがあったりする場合に、弁護人から依頼して、福祉専門職に関与してもらい、本人の生活の立て直しを支援してもらえる仕組みである。

　大阪弁護士会では、2014（平成26）年6月より、司法・福祉連携「大阪モデル」の運用を始めた。もともと、「大阪モデル」開始に先立ち、大阪弁護士会では、高齢者障害者総合支援センター運営委員会の障害者刑事弁護部会の委員を通じたり、あるいは各弁護人が個別に連絡をしたりして、個々の社会福祉士らに個別に連携を依頼していた。しかし、障害者刑事弁護の必要性が意識されるようになり、刑事弁護における福祉専門職との連携の需要が高まった。そこで、窓口を一本化する必要性があり、「大阪モデル」を開始することとなった。

⑵　どのような場合に利用するか

　本人に障害があったり、障害があると疑われたりする場合には、生活の立て直しのために、福祉的な活動が必要となることがある。

　たとえば、

・本人に障害があって（あると疑われて）、治療が必要であるが、通院や服薬管理を支援してくれる人がいない

・不起訴ないし執行猶予判決の見込みではあるけれども、逮捕前の環境に戻しては生活が立て直せない心配がある

・本人に障害がある（と疑われる）けれども、これまで福祉関係者と関わってこなかった、あるいは今後のことを相談できる福祉関係者がいない

等の場合である。

　このような場合に、福祉専門職（現在のところ、大阪府地域生活定着支援

センターの相談員など）と連携することで、本人の生活の立て直しを図る仕組みとして、大阪モデルを利用する。

⑶　大阪モデル利用の要件
ア　本人に障害（の疑い）があり、福祉的支援が必要であること
　福祉的支援とは、問題行動回避のために、継続的に本人のこれまでの生活を見直したり、支援したりすることをいう。生活保護を受給させるだけ、居宅を確保するだけといった一時的な支援は大阪モデルの対象とならない。このような支援については、弁護人が単独で行うことが望まれる。

イ　大阪モデルを利用する相当性があること
　大阪モデルは、社会内での生活に対する福祉的支援のあり方を検討するものである。そのため、長期の実刑が見込まれる場合には、利用できない。

ウ　大阪モデルを利用することについて、本人の同意があること
　本人が福祉的支援を受けることを拒絶している場合には、福祉的支援を行うことができない。ここでいう同意は、積極的なものでなくてもよく、助けてもらえるなら頼む、というようなものでもかまわない。

　なお、本人が大阪府以外にいる場合は、現在のところ対象とならない。大阪モデル利用の対象は、本人が大阪府下にて身体拘束されている場合か、本人が、社会復帰後、大阪府下に居住しようとしている場合である。

⑷　大阪モデル利用の方法
　大阪モデル利用について本人の同意が得られたら、サポート相談依頼書に記載して、刑事弁護委員会の担当事務局宛てにFAXを送付することで大阪モデルの利用を依頼する。

大阪モデルを利用することで環境調整のために保釈が認められた例

　「治療方針を検討するにあたっては、病院に本人を同行すべき」「病院で地域定着支援事業を利用するにあたって、具体的な計画を立てるためには本人の同席が重要である」といった内容を記載した福祉専門職の書面を、保釈の際に添付したことで、保釈が認められた例がある。

サポート相談依頼書は、大阪弁護士会のホームページからダウンロードするか、刑事弁護委員会の事務局宛に連絡して入手することができる。

　依頼後は、手配担当弁護士（後述）から弁護人に連絡をする。

(5)　福祉専門職と連携するまで

①　刑事弁護委員会の事務局宛てにサポート相談依頼書をFAXで送付する。

②　手配担当弁護士（現在、手配担当弁護士は、大阪弁護士会の司法福祉連携プロジェクトチーム委員が1週間あたり3人程度の態勢で務めている）がサポート相談依頼書の内容を確認する。手配担当弁護士が弁護人から情報を追加聴取し、手配担当弁護士間で依頼先を相談することもある。

③　手配担当弁護士から地域生活定着支援センターに連絡。事案によっては他の機関に依頼することもある。

④　担当福祉専門職ないし機関（以下、「福祉専門職等」という）が決まる。

⑤　弁護士会事務局ないし手配担当弁護士から弁護人に連携先を連絡。

⑥　福祉専門職等と弁護人間で連絡をとり合い、連携開始。

(6)　大阪モデルを利用するにあたっての留意事項

ア　福祉専門職等と密に丁寧に連携すること

　お互い連絡がつきにくい職種なので、必ず携帯電話番号を教え、密に連絡をとるよう心がけること。

イ　刑事弁護活動の主体はあくまで弁護人

　刑事弁護活動の主体はあくまで弁護人であり、弁護人の知識、経験等の不足する部分を福祉専門職等の力を借りて補うものである。福祉専門職等に協力を求める場面としては、ともに接見を行うこと、ケース会議に出席すること、受入先を探すこと等が考えられる。原則として、接見、ケース会議出席、受入先見学等は、弁護人が、福祉専門職等とともに行うべきである。

　また、少なくとも、身体拘束からの解放案件では、弁護人も釈放日を1日空けて対応すべきである。具体的には、生活保護同行申請や本人の入所・入院先まで同行することが期待される（Vの5参照）。

　その後の関わりについては、個々の弁護士次第であり、大阪モデルを利用した弁護人に、手弁当での活動を強制するものではない。

ウ　福祉専門職に必要な情報を提供すること

　本人に合った福祉的支援のあり方を検討するためには、弁護人からの情報提供が必要不可欠である。場合によっては証拠開示等を活用し、情報収集のうえ福祉専門職に提供していただきたい（「当該被告事件に係る裁判のための審理」の「準備に使用する目的」で交付、提示するのであれば、証拠の目的外使用にはあたらない〔刑訴法281条の４第１号〕）。

エ　事件終了後

　事件結果報告書を提出。

　大阪弁護士会の委員会では、定期的に福祉専門職等との事例検討会を行っている。大阪モデルを利用した弁護人には、事例検討会への出席および担当事案の報告を依頼することがある。

(7)　障害者弁護サポートセンター・メーリングリスト

　大阪弁護士会では、障害者弁護サポートセンター・メーリングリストを用意している。ここへ、障害者刑事弁護を行うにあたっての質問を投稿し、経験者の助言を得ることができる。

（荒木）

2　医療との連携

(1)　精神疾患・障害と犯罪とのクロスオーバー

　精神疾患や知的障害・発達障害が、犯罪と交わり、重なり合う領域は意外に広い。①精神疾患の症状そのものが犯罪につながるケース（たとえば、前頭側頭型認知症の場合の万引き／前頭葉が障害されることで抑制がきかずに、欲求のままに反社会的行動に及ぶのは症状そのものの現れである）以外にも、②精神疾患や障害があることで、社会の中で生きにくさを感じ、積もり積もった否定的な感情が、誤った解決法を求めたり、低い自己肯定感や日常生活の中で得られない達成感を補おうとして誤った自己治癒的な行動へつながったりして、犯罪に結びついてしまうケースは多数存在している（たとえば、知的障害者の万引き事例、発達障害者の犯罪など）。さらに、③再犯を繰り返すタイプの薬物犯や万引き窃盗などにおいても、その背景には、薬物依存症、摂食障害、窃盗症などの疾患が横たわっている。

刑法犯認知件数は、2016（平成28）年に戦後初めて100万件を切り、2018（平成30）年には約81万7000件となるなど、減少傾向にあることが判明しているが、典型的な暴力犯等は大きく減少する気配をみせるなか、精神疾患や障害と犯罪がクロスオーバーする領域は今なお根強く存在しており、刑事司法の中で大きな割合を占めるに至っている。

(2)　司法と医療の連携の必要性

　上記のような領域に対処するためには、刑事司法の場においても、積極的に医療機関との連携を求めていく姿勢が欠かせない。心ある協力医を、常日頃の弁護活動や弁護士会の研修・人脈などを通じて確保していく必要がある。協力医を求める方法は、各地の事情によるほかないであろう。

(3)　具体的な連携の手法

　具体的な連携の手法については、まず、被疑者・被告人が、犯行以前に精神疾患や障害について診断を受け、入通院していた場合には、当該病院から診断書をもらう、診療録の開示を受ける、23条照会などを通じて病状照会をする、主治医から話を聞くなど、従前かかっていた医療機関等に働きかけ、証拠となる資料を準備し、可能であれば主治医から疾患や障害の犯行への影響について意見を求めるのが望ましいであろう。

　次に、犯行前に精神疾患や障害について診断を受けていなかった場合は、保釈で身体拘束から解放できる事案については、保釈許可を得て入院または通院による診察と治療を試みることになる。医師により診察してもらい、①診断名、②その症状、③犯行への影響の有無と、④影響を与えた場合は、その機序について診断書なり意見書なりを書いてもらうのが望ましい。以上は、精神疾患や障害が犯行に与えた影響として、情状に関する量刑評価の「犯情」に関わる部分である。さらに一般情状として、⑤実施した治療内容、その効果、⑥今後の治療の必要性やその具体的内容についても言及してもらうとよいであろう。

　身体拘束を解くことが不可能な事案についても、中には、医師や心理士が拘置所を訪問してくれる場合もあるし、質問検査用紙を差入れ、宅下げによって実施したり、拘置所の特別面会を利用して、一定の可能な範囲の検査

を実施する手法もある。各地の事情に応じ、さまざまな伝手をたどって試みられたい。

　本格的に責任能力や重要な情状を争う場合には、正式鑑定請求も必要になろう。

⑷　被告人の反省と再犯防止のための体制の構築

　精神疾患や障害を有するがゆえに犯罪を犯している被告人たちは、自分がなぜ犯罪を繰り返しているのか、自覚していない場合が多い。

　まず、症状そのものが犯罪につながっているケースでは、犯行は症状そのものであるから、本人への責任非難に限界が生じて、責任能力が問題になる場合もあるだろう。この点は適切に争っていくべきである。

　とくに、昨今は高齢者人口が増加し、日本は未曾有の超高齢社会に陥っている。認知症患者が増加しているが、たとえば、認知症の中でも「前頭側頭型認知症」では、前頭葉が障害を受けることで感情や欲求、衝動のコントロールが効かなくなる。そのため、「欲しい」と思った店頭の商品を人目も気にせず堂々と店外へ持ち出して、万引きしてしまう。これは前頭側頭型認知症の症状そのものであるため、罰金を受けても、執行猶予判決を受けても、同種犯行を繰り返すことになる。前頭側頭型認知症は、初期段階では言葉や記憶に障害が出ないため、認知症であることに気づかれにくい。また、アルツハイマー型認知症についても、物盗られ妄想から暴力行為へ及んだり、記憶障害や注意力障害の影響から商品の存在を忘れるなどして、万引きと誤認される可能性がある。さらに、一般の弁護士にとっては、「無罪判決」はめったに得ることのできない判決だと考えられていることもあり、法曹関係者は責任能力を争わずに情状だけで終わらせようとする傾向が強い。しかし、このような考え方は、超高齢社会である現代にあっては、もはや通じないことを肝に銘じるべきである。実際、2017（平成29）年3月には、大阪地方裁判所で、執行猶予中に500円相当の漬物を盗んだ71歳の男性が前頭側頭型認知症で無罪判決を受けている。また、2018（平成30）年2月には、神戸地方裁判所で、87歳の男性がポケットに300円相当の豚肉を入れたままレジを通過した事案について、アルツハイマー型認知症の影響により、短期記憶の顕著な障害に注意力障害も加わり、商品の存在を忘れていたとして、窃盗の故意が否定さ

れ、無罪判決を受けている。無罪判決は意外に身近なものであることを再認識していただきたい。

　次に、実際に最も数が多いと思われるのは、責任能力までは争えないものの、精神疾患や障害があることで生きにくさを生じ、否定的な感情が積もり積もって、その誤った解決法、自己治癒行為として犯行に出ているケースだと思われる。情状弁護が問題になる事案であるが、このようなケースでは、まずは、上記で記載した診断名、症状、病気が犯行に与えた影響、その機序という基本的な流れを踏まえて、犯情の立証とつなげるように主張立証をできるだけ工夫したうえで、被告人自身に犯行のメカニズムを理解させ、具体的には、自分が抑圧している感情、犯行へつながる価値感や物事の捉え方、習慣や日常生活のスタイルなどを自覚させて、それを変容させるように指導するべきである。

　「反省」というのは実に曖昧な概念であるが、この犯罪原因への自覚と、それへつながる自己の価値感や行動パターンを変容させる努力こそが、真の反省なのではないかと考えている。この取組みは、被告人一人の努力だけでは達成できず、周囲の協力と支援が必要不可欠である。このような理解を前提に、被告人の周囲に治療や更生への取組みを支援する体制を構築していく。1つは、医師や心理士、福祉関係者などの専門家、自助グループ、支援員などの存在があり、2つはその人の生活を取り巻く家族や友人などの存在があろう。双方からのアプローチがあるのが望ましい。

　以上のことを、刑事裁判の中で根気よく続けながら、できるだけ論理的に主張立証を重ね、弁論をする姿勢が必要不可欠であると考える。　　　　　（西谷）

IV　障害者弁護の留意点

1　まずは気づくこと

(1)　気づきのきっかけ

　弁護人の弁護活動は、多くは身体拘束された被疑者段階の接見から始まる。ここで、弁護人が、被疑者の障害や精神疾患の存在に気づかなければ、障害や疾患の存在が見逃されたまま、その被疑者は、健常者と同じように扱われ、場合によっては不可解かつ悪質な被告人として、健常者以上に重い刑責を問われて刑事裁判を終えてしまうことになる。

　たしかに、われわれ弁護人が接見だけで対象者の障害と精神疾患の有無・程度について判別することは不可能であるが、まずは弁護人が「何かおかしい」「通常とは異なる」という「気配」を感じ取り、気づかなければ、医療による診断や福祉の専門家の支援へつないでいく道は閉ざされてしまう。これは、事案の真の解明と対象者の更生が断たれることを意味している。弁護人の「気づき」こそが、すべての出発点となるのである。

　以下に、障害や精神疾患がある場合の特徴の例を挙げる。しかし、これはあくまで例であって、これだけがすべてではない。最後は、弁護人の感性にかかっている面もある。対象者の動静をよく観察し、共感的に話を聞こうとする態度をもって接見に臨んでいただきたい。

①　被疑者の様子、言葉遣い、目線、振る舞いなどに通常と異なる特徴がある。

②　読み書き、計算ができない。

③　自分の関心があることしか話さない。話題が限定的。

④　質問の意味が理解できなかったり、物事の理解に時間がかかる。

⑤　逆に、あまり考えずに、こちらに合わせて依存的に即答している様子がある。

⑥　質問に対する回答が的外れ。

⑦　身なりにかまわない、態度や服装がルーズで乱れている。

⑧　会話のキャッチボールが成り立たない。

⑨　犯行またはその他の行動が衝動的で、理由を説明させても本人にもわからなかったり、うまく答えられなかったりする。または、一応の理由は答えるものの、その内容が腑に落ちないものである。

⑩　過去に大きな交通事故にあっていたり、頭部を強打した経験がある。

⑵　気づいた後どうするか

ア　受任意思の確認の際の注意点

　知的障害・発達障害や精神疾患がある人の場合、当番弁護士派遣等で弁護人が接見に訪れても、「弁護士はいりません」などと言う可能性がある。それをすぐ真に受けてしまい、受任すべき事案について、不受任に終わらないように気をつけねばならない。

　障害や精神疾患のある被疑者は、その影響で、自分の置かれた立場を理解していなかったり、何らかの思い込みをもっていたり、今後の裁判の流れが理解できていなかったりする可能性がある。

　なぜ、「弁護士がいらない」と言っているのか、さまざまな角度から質問し、その理由をよく聞いてみていただきたい。そして、その人の「思い込みのツボ」がどこにあるかを探り当て、誤解であることをわかりやすく説明して、弁護士が被疑者・被告人を守るための味方であることを理解してもらうよう努めていただきたい。

　説得が功を奏さない場合は、裁判所が職権で弁護人を付す方法（刑訴法37条の４）があるので、勾留担当の裁判官と協議すべきである。

イ　事実の聞き取り時の注意点

　知的障害がある場合などは、抽象的な思考が苦手で、具体的な事実をシンプルに聞かねば答えられない場合が多い。また、発達障害や精神疾患がある場合など、弁護人は、安易に否定したり、怒ったり、非難したりせず、共感的、受容的な態度で、根気よく話を聞くことが重要となる。

　以下に、接見時の具体的な注意点を挙げる。

①　具体的な事実を問う質問にする。

②　平易な言葉を用いる。

③　短い言葉で質問する。

④　複文は避け、単文で質問する。

⑤　条件付きの質問にしたり、仮定の質問をしない。

⑥　指示代名詞を使わない。

⑦　オープンな質問を心がけ、クローズドな質問を避ける。

⑧　誘導尋問をしない。

　また、混乱を避けるためには、以下のような対応も重要である。

⑨　時間の順を追って質問する。

⑩　立て続けに質問しない。

⑪　重複的な質問をしない。

⑫　威圧的な質問や話し方をしない。

⑬　流れを中断せず、説明を遮らない。

ウ　権利告知の際の注意点

　知的障害や精神疾患が疑われる場合、とくに知的障害が疑われる場合は、当番弁護士が来て警察署の中で接見しても、捜査機関である警察官との違いが理解できていない場合がある。

　そこで、「弁護士と警察は違うこと。弁護士は、あなたを守るために来たこと。ここで話してくれた秘密は必ず守ること」などを、できるだけわかりやすい平易な言葉で話すべきである。

　また、黙秘権、署名押印拒否権、供述調書の訂正申立権、接見交通権といった権利についても、その内容をわかりやすい平易な言葉に言い変えて説明すべきである。

　ゆっくりした口調で、時間をかけて説明して、理解してもらえるよう努める。

　なお、受任に際しては、被疑者国選弁護制度を利用すれば、経済的負担はない可能性があることを説明すべきである。

（西谷）

2　コミュニケーションをとるうえでの注意

(1)　知的障害の場合

ア　特徴

　知的障害がある人とコミュニケーションをとるには、障害による以下のよ

うな特徴があることを知っておくことが必要である。

(ア) 認知能力の低さ

認知とは、知覚、理解、判断、学習、記憶、思考といった、人間の知的作用一般を言う。

① 長期記憶が弱い——とくに、重要でないと認識しているできごとに関しては記憶が弱い。すなわち、事件の細部に関する記憶が曖昧である可能性がある。

② 短期記憶が弱い——短期記憶の容量（情報量）が少なく、保持時間も短い。このため、障害のない人であれば記憶しているような内容を記憶していないことがある。また、一度に複数の指示を与えると、混乱してしまいがちである。

③ 基本的な知識を獲得していない——面接者が用いる言葉の意味を理解できない可能性がある。

④ 衝動性をコントロールすることができず、注意力を維持することが難しい——面接が長く続いた場合、集中できず飽きてしまうおそれがある。

⑤ ストレス対処能力が弱い——面接のストレスや面接で感じている恐怖に対処する能力が低い。強い口調で問い詰められたり否定的な聞き方をされたりすると、事実と異なることを言ってしまう可能性がある。

⑥ 理解力が弱い——見たことや聞いたことを整理して理解することが困難である。また、難しい概念などを理解することに困難がある。よって、自分の法的権利の内容を理解することも難しい。さらに、わからないことがあっても、聞き返すと怒られるのではないかと思っているため、聞き返すことができない。

⑦ 見通しを立てることができない、複雑な意思決定ができない——自分の行動の長期的な結果を予測する能力が低く、直近の満足を追求する傾向がある。すなわち、取調べで自分に不利なことを話した結果、法的に自分がどのようになるか予測できない。

(イ) コミュニケーション・スキルの乏しさ

① 言語化して表現することが難しい——他人に対して自分の認識・理解を正確に表現することが難しく、面接者の質問に対して混乱した回答をするなど、きちんとした受け答えができない。

② 社会あるいは学校で失敗するという経験を繰り返してきたため、他の人が提示した合図や手がかりなどに頼る傾向が強い——面接者の質問に対する自分の答えに自信がもてず、答えを得るために、面接者から合図や手がかりを得ようとする。

③ 偏った答え方をする——肯定的な答えが望ましく、否定的な答えは望ましくないと思う傾向がある。文脈にかかわらず、面接者に黙従しやすい。このため、あらゆる質問に対して「はい」と答える傾向が強い。とくに、質問の内容が難しくなるとその傾向が高い。

④ 権威者を喜ばせたい、彼らから承認されたいという願望がある——面接者の望むような答えをする可能性がある。

⑤ 自分の障害を隠したいという強い願望がある——本当はわからなくても、わかったふりを装うことが少なくない。よって、読解力や他の情報から、能力を測定する必要がある。

⑥ 被誘導性が高い——面接者の意図の有無にかかわらず、誘導的な質問や雰囲気等によって、面接者の求めるような返答をしてしまう可能性が高い。さらに、取調べでは、無実の被疑者が取調官の誘導に従って自白した場合でも、自分が実際に罪を犯したと思って自白してしまう可能性が高くなる。

イ 接し方の注意点

まずは本人の不安を取り除くべく、受容的態度で接し、共感的応答を返すのが望ましい。ゆっくりと時間をかけ、穏やかに話すように心がける。「責められている」と受け取られないよう配慮し、本人が「わかりません」「忘れました」と言えるような関係作りに努めたい。場合によっては、本人が慣れている呼称で呼びかけたり、普段接している人を一緒に連れて面会したりすることもおすすめである。もっとも、弁護人として聞き出さなければならない情報もあるので、いつも「わかりません」「忘れました」と言っておけば許されると誤解させないよう注意する必要がある。

難解な専門用語は使わず、伝えたいことをわかりやすく丁寧に具体的に繰り返し説明することが必要である。

重要なことについては、反復させるなどしてきちんと理解しているかどうか確認を求めるなどの配慮が必要である。

発達障害があるＡさんとの接見

　当職が実際に行った接見の際の工夫を報告する。Ａさんは、接見に行くことを予告しておかないと混乱して話をすることができなかった。接見をすると長時間になり、本人がしたい話をし続ける。また、接見要請も頻回であり、高額な差入れを次々と要求してきたり、電報や手紙がひっきりなしに届いた。

１　接見のルール作り

⑴　いつ接見に行くか

　予告なしに接見に行くと、本人は接見を予定していないので、戸惑いが大きかった。接見に行くときは、事前に接見に行くと連絡するようにした。

　基本的には、接見の際に次回の接見をいつにするか、本人と話し合って決めた。

⑵　接見で話す内容

　当職がしたい話と本人がしたい話が異なり、接見に何時間もかかってしまった。そこで、接見の際のルールを本人と話し合って決めた。具体的には、当職の話をまずした後に、本人がしたい話（事件に関わりがあってもなくても）をした。本人には話したいことを書いたメモを接見室に持参させるようにし、話が終わるたびにチェックさせた。

⑶　接見時間

　接見を終了する時間も決めた。１時間の接見時間であれば、当職が話をする時間を40分、本人が話をする時間20分（本人のほうが長いときもある）等、時間配分についても、毎回決めるようにした。

⑷　本人の頻回な接見要請に対する対応

　次回接見の日時を約束していても、ひっきりなしに接見要請が来た。本人に用件を聞くと用件がないことが多かった。その際は、用件がないなら帰るとはっきり伝え、雑談には応じず、接見を終わらせた。

２　手紙のやりとり

　手紙に返事を書かないと手紙が届いたかどうか確認する手紙が来た。そこで、返信不要な内容であっても、届いたということだけでも書いて返信するようにした。

３　差入れの要望に対する対応

　当職は、率直に自腹を切りたくないと伝えた（ケースによっては自腹を切って差入れをするときもある）。本人と話し合ったうえで、購入しなくても差入れできるもの（インターネットで無料で取得できるもの等）は差し入れることにした。

（小坂梨緑菜）

先のことまで含めて一気に説明するのではなく、段階を追って一つひとつ説明していく必要がある。

　目で見たものは理解しやすいので、言葉だけでなく、絵や写真など、実物のイメージがわかるものを見せて伝えるようにするとよい。

　面接時に相手を子ども扱いしないことも重要である。発達年齢が10歳という検査結果であっても、10歳の子どもに接するようにすればよいわけではない。実年齢を踏まえて敬意を払うようにする。

　迎合性・被誘導性に配慮し、言葉・表情や態度等を通してこちらから情報を出すことはなるべく避けるようにするとよい。

　質問の仕方に配慮する。たとえば、自由再生質問 (「そのときのことをすべて話してください」など) から始めて焦点化質問等へと移行したり、はい／いいえ質問や選択式質問に対する返答の後には、その内容について自由再生質問を行ったりするとよい。

ウ　質問のガイドライン (Prosser and Bromley, 1998)

① 短い単語と文章を使い、理解が乏しいようであれば文章の構造を単純にする。
② 短い節の文章を使う。
③ 能動態を使う。
④ できるだけ現在形を使う。
⑤ 抽象的な概念に関する質問はしない。
⑥ 二重否定を使わない。
⑦ 専門用語を使わない。
⑧ 比喩的な言葉は使わない
⑨ 口語的な表現は使わない。
⑩ これらのことに配慮し、前もって質問を準備し、書いた質問の読みやすさを評価する。

(渋谷)

(2) 発達障害の場合

　基本的には一人ひとり異なるが、次のような特徴をもつ場合がある。
① 他者がどう思っているかを理解することが困難で空気が読めないと評価される――他者とコミュニケーションをとるのが不得手である。

② 行動のパターン化、「自分ルール」が変わることへの重大な抵抗（時間・場所等と特定の行動が結びついていることが多い）——想定外の事態が生じると混乱に陥る。

③ 強いこだわりをもっていたり、独特の価値観をもっていたりする——当該分野について、自己の行動を抑制することが困難なことがある。

④ 曖昧な概念や抽象的な概念を理解できない、ないし理解困難——知的障害や精神障害を併せて有している場合もあり、知的障害もある場合には、同じ言葉でも、弁護人が使っている言葉と本人が使っている言葉の意味がずれていないかをとりわけ注意する必要がある。

（荒木）

⑶　精神障害の場合

　弁護士会で精神障害関係の研修を行う場合、精神障害者とのコミュニケーション技法について取り上げてほしいという要望を受けることがよくある。それだけ、業務を行うにあたって、精神障害者とのコミュニケーションで苦労した会員が多いということであろう。

　そこで、精神科医の先生を講師に呼んで、精神障害者とのコミュニケーション技法について講演してもらうことが一度ならずあったが、いずれも成功したとはいえなかった。そのうまくゆかなかった理由を考えてみると、講師の先生からすると、一口に精神障害者といっても千差万別の類型がある。本書Ⅱの3でも挙げたとおり、統合失調症、気分障害、パニック障害、PTSD、解離性障害、パーソナリティ障害、依存症等々により病態はさまざまであり、その病態に従ってコミュニケーションのとり方も異なってくる。このため、まず、類型ごとの精神障害の内容を理解してもらう必要があるということで、それぞれの精神障害の説明から入ってゆくことになる。そうすると、それだけで時間が終わってしまい、聴衆が期待している、「専門家が伝授する精神障害とのコミュニケーションのノウハウ」といったことはついに聞けずじまいということになるのである。

　このことを逆にいうと、精神障害者一般に通ずるコミュニケーション技法といったものは存在しない、相手がどんな精神障害をもち、その精神障害はどのような内容、特徴をもっているのかというところから入ってゆかなければならないということである。統合失調症、気分障害（うつ病など）、境界

性パーソナリティ障害等々で病態はまったく異なるし、接し方もおのずと変わってくる。とすれば、クライアントである当該精神障害者の病態がどのようなものであるかを、ICD-10やDSM-5等にあたって把握することが、コミュニケーションの第一歩ということになる。

　しかし、さらに考えてみると、人とコミュニケーションをする際の第一歩が相手を知ることであることは、精神障害者に限らず、コミュニケーション一般にいえることである。弁護士はさまざまな局面でさまざまな人たちとコミュニケーションを行っており、世間からはしばしば揉め事解決や交渉のプロと見なされているが、だからといって、どんな場合にも通用する万能薬のようなコミュニケーション技法を身につけているわけではない。それぞれのケースで、それぞれの人に対して、相手の考えや言い分を理解し、こちらの意見を伝え、相互理解と納得に持ち込むことの繰り返しを通して、おのずと実務経験としての何がしかのコミュニケーション技法を身につけているというのが実情であろう。そして、精神障害者とのコミュニケーションも、結局は、こうした一般的な弁護士としてのコミュニケーションの応用以上のものではないように思う。

　弁護士が「精神障害者とのコミュニケーション」というときに典型的に念頭に置いているのは、妄想的な内容の相談を持ち込まれたときにどう対応したらよいのかということであろう。こういう妄想的な話に対する精神科的な対応としてよく言われるのは、頭ごなしに否定してはいけない（誰でも自分が信じている話を全否定されれば自分を否定されたように思って気分を害する）、かといって肯定してもいけない（肯定すると、それを前提に話が進んでしまう）、共感を示しつつ距離も置いて、受容的な態度で、「そういうこともあるのかな」「私にはよくわからないが」「私は体験したことがないが」などと中立的な対応を心がけるべきだとされる。こうした対応を基礎にしつつ、たとえば、ヘルパーに物を盗まれたという訴えであれば、証拠があるかないかを確かめ、確たる証拠がない場合は、「あなたが言っていることは本当かもしれないが、裁判では証拠がない限り勝つことができない」といった対応をすることになろう。

　最後に、これも精神障害者の場合に限らないが、刑事裁判の場合であれば、被疑者・被告人のこれまで送ってきた人生上の苦労、精神的な悩みに対

する共感、同情をもって接することが大事である。この弁護士は自分の悩み・苦しみをわかってくれると思えば、被疑者・被告人はおのずとその弁護士を信頼し、心を開いてくれる。反対に、被疑者・被告人を軽く見たり、厄介視する意識をもって接すれば、被疑者・被告人は弁護人のこうした気持ちを察して、心を閉ざしたり、反抗的になったりする。

　約言すると、精神障害者も一人の人であり、コミュニケーションは人と人の交わりであるという点において、健常者とのコミュニケーションと何ら変わりない、ただし、当該精神障害者の病態特性については、担当医や文献によって理解しておく必要があるということになろう。　　　　　　　　　（大槻）

⑷　聴覚障害の場合

ア　「音のない文化」

　身体障害者福祉法は、聴覚の障害のため音声言語により意思疎通を図ることに支障がある身体障害者を「聴覚障害者」と定める。①両耳の聴力レベルがそれぞれ70デシベル以上、②一耳の聴力レベルが90デシベル以上、他耳の聴力レベルが50デシベル以上、③両耳による普通話声の最良の語音明瞭度が50％以下であり、永続するものをいう。通常、都道府県知事等が発行する身体障害者手帳を所持している。同手帳には本人特定事項のほか、障害の程度も記載があり参考になる。

　日本手話が多くの聴覚障害者に使われているが、コミュニケーション手段は個人により多様だ。先天性の聴覚障害があっても家族と周囲の援助で日本手話を早期に身につける機会をもち、自由闊達に使いこなす場合もある。口話、筆談も使われる。手話も日本手話と音声日本語対応手話、指文字などがある。今では例が少なくなっていようが、第2次世界大戦前後に幼少期を過ごしたため十分なろう教育を受けられず、家庭や地域、学校の無理解も手伝って手話などのコミュニケーション手段をほぼ身につけていない場合もある（裁判の意味そのものを伝達できない極限的な事例では、訴訟能力が回復不能な状態であり、刑訴法314条の趣旨を踏まえつつ、刑訴法338条4号を準用して公訴を棄却すべき場合もある）。

　こうした聴覚障害者が被疑者・被告人として音声言語を基本とする刑事裁判に関わる以上、十分なコミュニケーションの保障と防御権を全うできるよ

うに「音のない世界」と「音声文化」との「橋渡し」をする責任はまず弁護人が負う。その良きパートナーとして活躍するのが手話通訳者である。聴覚障害のある被疑者・被告人、弁護人、手話通訳者三者が一体となって「『手話弁護』タスクフォース」を形成する意識をもち、聴覚障害と事件との関係を裁判員・裁判官に示す工夫をすることが、「聴覚障害ある被疑者・被告人の『包括的防御権』」を保障する前提である。

イ　聴覚障害者と刑事弁護

聴覚障害のある被疑者・被告人を弁護する場合、いくつか注意しておきたい点がある。以下列挙する。

(ｱ)　被疑者取調べと黙秘権

被疑者取調べにおける「供述の自由」を初見・初出の手話で概念を理解させることは難しい。手話では、現に存在する具体的・個別的な事実・物・人の伝達は可能であるが、抽象的一般的な概念・事象を説明して理解させることは困難である。

また、仮定・条件を設定した思考・判断・選択の説明も困難なことがある。したがって、被疑者供述調書の冒頭に「本職は、あらかじめ被疑者に対し、自己の意思に反して供述をする必要がない旨を告げて取り調べたところ、任意次のとおり供述した」と記載されるが、取調室の中で、警察官が問いかけても「黙秘権を行使する」という選択を納得させて、実行させることはかなり困難である。

「言いたくないこと、言わない」という「選択ができる」ことを事前に接見室において手話を介して理解させることにも困難が伴う。想定問答に基づいて取調べへの対応を打ち合わせ、供述調書に署名指印するか／しないかの判断基準を伝達し理解を得るのも相当に困難である。このことを前提にした捜査弁護が必要である。

取調べ時の手話通訳者が正確な通訳をしているか可能な限り接見時に同行し、手話通訳者の援助を受けながら聞き出す必要がある。取調べ態様に関する疑義は、検察官・警察官に対する申入れ、上申、被疑者取調べ適正化のための監督に関する規則に基づく苦情申立て、勾留取消し請求などで是正を図り、また公判廷に備えて記録化しておく必要がある。

(イ)　公判における黙秘権告知

　冒頭手続で起訴状朗読の後に、要旨「被告人には黙秘権がある。あれこれ質問されるが、最初から最後まで黙っていることができる。答えたい質問のみ答えてもよい。法廷で述べたことは、有利・不利を問わず証拠になる」と裁判長が説明する。初見の手話でこうした複雑な法的価値判断を理解することは、容易ではない。

　弁護人は、接見時に裁判の流れを何度か説明し、模擬裁判員裁判などのDVDを見せるなどして、手続の流れと黙秘権の説明段階を摘示して被告人の理解力に応じた説明をあらかじめしておくべきである。

　公判対応の通訳人が選任されている場合、必要に応じて、接見同行を求めて「手話合わせ」を行い、その際、「黙秘権」に関する手話を被告人に見せてもらっておくことなどの準備をして公判に臨むべきである。その他当該事件固有の言葉遣いについても、同様に手話通訳に関する事前準備が必要である。

(ウ)　聴覚障害と鑑定の役割

　筆者が裁判員裁判を担当した聴覚障害のある被告人による殺人事件では、聴覚障害者である事実と事件との関係を手話のできる臨床心理士の鑑定によって解明してもらい、公判廷で裁判員・裁判官の面前でわかりやすく説明をしてもらった。一般情状のための鑑定である。

　その準備として、手話のできる中途失聴者である精神科医に依頼して、拘置所で面談をしてもらい、「聴覚障害児・者の知能・パーソナリティ・社会性などを適正に評価するにあたっては、その人の聴覚障害の発生年齢、程度、経過等に加え、既往歴、コミュニケーションや人間関係なども含めた家族歴・生活歴・教育歴などや環境要因についても、経時的に整理された情報が準備される必要がある」旨摘示してもらった。同意見書を疎明資料として鑑定請求を行った。

　その際に上記の臨床心理士を推薦し採用された。同鑑定人は、被告人の受けた家庭教育の貧しさ、出遅れたろう教育、出遅れた手話学習、限られた聴覚障害者だけの交際、同じ聴覚障害者仲間での人間関係や金銭関係をめぐる陰湿なトラブル、普段おとなしい被告人が最後に被害者2人にがんじがらめにされた関係を清算するために選んだ道が殺人であったことなどを手際よく紐解いていった。鑑定人の指摘を拾う。

①　被告人の知能について「知能検査（WAIS-III）、描画テスト（Baum、風景構成法）、ならびに面接から得られた情報から判断して、被告人に生来的な知的障害は認められない。重度聴覚障害によって音声言語（日本語）の獲得が難しかった被告人は、幼児期〜児童期前期に十分な支援を受けられず、また手話に接することもなく、言語習得に課題を抱えたまま成長し、3年遅れで聾学校小学部に入学した。その後も、日本語（書記日本語）習得においては成果がみられないまま、単語レベルの文字を並べる程度にとどまった。言語性IQ（65）は、特に低い知能を示す値であるが、これは成育歴の結果としての知能であり、生来の知能を表すものではない。生来の知能水準については、動作性検査から得られた指数を信頼するべきである」。

②　責任能力について「殺人に関しては、それが罰せられる（重い罪となる）行為であることを理解していた。犯行に至る直前、被告人の頭の中では『天使と悪魔が戦う』と表現される葛藤があった。『殺してはいけない』という天使と、『殺そう』という悪魔の争いであったのだという。おそらく、ろう者特有の映像思考として、まさに天使と悪魔が戦う様子が、頭の中に浮かんでいたのだろう。迷った末、被告人は犯行を決意した」。

　聴覚障害に関する鑑定を求める場合、責任能力、訴訟能力そして一般情状と目的は多様でありうるが、聴覚障害を特別視することも、無視することも避けるべきで、その事件固有の関連性を専門家とともに冷静に分析する必要がある。

㈘　法廷通訳の配置

　裁判員裁判など長時間にわたる公判で手話通訳を必要とする場合、弁護人は通訳人の複数選任を求めるべきである。主たる通訳人は15分程度で交代するようにし、疲労に伴う誤訳の危険性を少なくしなければならない。誤訳訂正、訳語補充などチームによる通訳実施によって正確な通訳を保障する必要がある。

　同時に、聴覚障害のある被告人の場合、通訳人のうち1人はもっぱら被告人と弁護人の間の通訳に専念させなければならない。被告人は、通訳人の手話を証人の証言の通訳と受け止めず、自分に対する語りかけと受け止めることがある。「わからん」「知らない」など被告人が手話で語れば、通訳人は訳さざるをえなくなる。

〈参考〉ろう者が被告人の場合の法廷図

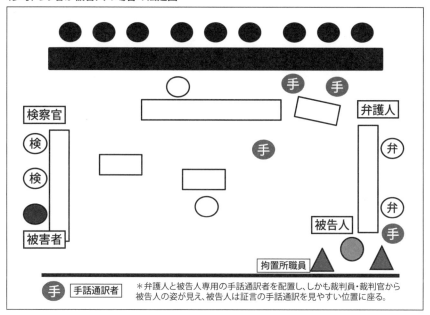

検察官
検
検
被害者

手

弁護人
弁
弁
手

被告人

拘置所職員

手　手話通訳者　＊弁護人と被告人専用の手話通訳者を配置し、しかも裁判員・裁判官から被告人の姿が見え、被告人は証言の手話通訳を見やすい位置に座る。

　弁護人としても、被告人が公判廷でイレギュラーな言動をすることでとくに裁判員の心証を悪くしないように、とりあえずは弁護人との対話ができるように通訳人配置をしておくべきだ。むろん、事前の接見で、「法廷の通訳人には話をしない、言いたいこと・聞きたいことは弁護人にすること」と説明し、簡単な練習もしておくべきである。

　ただし、外国語の場合を含めて、裁判所は通訳人の複数選任に強く抵抗するので、必要性の説明を粘り強く行う必要がある。

㈮　控訴審国選弁護人

　一審判決後も原審弁護人は、控訴について固有の権限がある（刑訴法355条）。ただし、被告人の明示の意思に反してはならない。控訴できることは、あらかじめ刑事手続の流れを伝えるときにも説明をしておくべきだが、一審判決後は、あらためて控訴するかどうか意思確認を要する。本人が適切な判断ができないときには、原審弁護人の責任で控訴を申し立てておくべきである。

　また、捜査から一審にかけて弁護人と接見担当の手話通訳者と被告人との

間のコミュニケーション力は培われている。被告人が控訴する場合、あわせて控訴審国選弁護人についても引き受けることを検討するべきである。控訴審裁判所から弁護人の扱いに関する照会が来たときに、「原審弁護人の○○がいい」と記入して返すことを被告人に注意しておき、また弁護士においても法テラス、控訴審裁判所に対して事実上指名するように上申しておくべきである。

ウ　手話言語法と「包括的防御権」

　今、全国自治体で「手話は言語である」と宣言する条例の制定が進む。「手話言語権」の確立である。明石市の「手話言語を確立するとともに要約筆記・点字・音訳等障害者のコミュニケーション手段の利用を促進する条例」もその例である。「ろう者にあっては、ろう教育において口話法が長年にわたって行われ、その結果、ろう者の言語である手話の使用が事実上禁止され、ろう者の尊厳が深く傷つけられた歴史をもつ」ことを前文で確認し、手話を言語とする障害者の権利を認めることを宣言する。

　ただ、手話には独自の限界もある。たとえば、「ナイフで刺す」と記述できるが「殺す」と抽象化した表現は記述しにくい。「窃盗をしたこと、どう思うか」という発問は意味が通じにくい。手話の限界を手話通訳者から学習し、なお聴覚障害者の捜査から上訴までの防御活動を豊かなものとし、その「包括的防御権」を実現する責務は弁護人にある。

（渡辺）

V　各手続における留意点

1　捜査段階

(1)　障害者の捜査弁護における可視化の重要性

　捜査弁護における一般論として、取調べの全過程を録音録画することが重要なのはいうまでもない。障害者の捜査弁護においては、とくに次の観点から可視化が重要となる。

ア　取調べの適法性と供述の任意性の検証

　取調べの可視化により、取調べの適法性に関する監視機能が期待できるが、取調べ対象者が障害者である場合には、とくに、その特性に対する配慮がなされているか、注意を払う必要がある。

　犯罪捜査規範167条5項は、「警察官は、常に相手方の特性に応じた取調べ方法の習得に努め、取調べに当たっては、その者の特性に応じた方法を用いるようにしなければならない」とし、同168条の2は、「精神又は身体に障害のある者の取調べを行うに当たっては、その者の特性を十分に理解し、取調べを行う時間や場所等について配慮するとともに、供述の任意性に疑念が生じることのないように、その障害の程度等を踏まえ、適切な方法を用いなければならない」と規定している。

　弁護人として、こうした配慮が実践されているか否かを確認する必要がある。またこれらの実践の有無は、公判において供述の任意性・信用性を争う際の重要な要素となる。

　取調べを受ける被疑者は、一見、自発的に供述をしているようであっても、その障害特性から、質問の口調や反応などを敏感に感じ取り、迎合的に、質問者の期待する回答を述べてしまう場合もある。こうした事態に陥っていないかチェックするためには、質問と回答との関連性や、供述調書にまとめられる前の「生の言葉」を検証する必要がある。

　そのためには、取調べ時のやりとりがすべて記録されていなければならない。供述調書をいくら検討しても、それが作られた過程の問題点をあぶり出

すことは困難である。

イ　事件発生当時の被疑者の状態の保存

犯行直後の被疑者の状態（言動、態度）を記録するため事件発生当時の被疑者の状態は、犯行に至る経緯や動機、責任能力に関連する重要な要素である。

しかし、事件発生当時の被疑者の状態を、事後的に確認・立証することは容易なことではない。事件発生後に行われる治療や環境の変化により、被疑者の状態が改善ないし悪化することは珍しくない。その結果、当時の状態を説明することがそもそも困難になることもある。また、事実認定者が、すでに症状が改善された被告人を見て、事件当時の状況を理解してくれない可能性もある。したがって、速やかに事件直後の被疑者の状態を記録する必要がある。

その際の記録方法として、最も望ましいのは映像化である。被疑者の状態を読み解くきっかけになるのは、発言内容だけではなく、声の大小、トーンや滑舌などの話し方、表情、身振り手振りの挙動など多岐にわたり、そのすべてを漏らさず記録するには、その様子を録音録画することがベストなのである。

(2)　録音録画を求める根拠となる依命通知

2016（平成28）年5月24日に「刑事訴訟法等の一部を改正する法律」が成立し、2019（令和1）年6月1日から取調べの全過程の録音録画制度が施行されるようになった。しかしながら、同改正によって録音録画が実施される対象は「裁判員裁判の対象となる事件」および「検察官独自捜査事件」のみである点に注意を要する（刑訴法301条の2第4項）。

したがって、今後も、これらの2つの類型に該当する事件を除き、被疑者が障害者であることを理由として録音録画を求める際の根拠としては、従前どおり警察庁および検察庁の通知が挙げられることとなる。

また、犯罪捜査規範の改正により、逮捕または勾留されている被疑者が精神に障害を有する場合に取調べ等を行うときには録音録画をするよう努めなければならないこととなっている（犯罪捜査規範182条の3第2項）。

これらの改正を機に各庁から新たに依命通知が発せられている。ここでは、検察庁と警察庁における録音録画に関する通知を簡単に紹介する。

なお、本項の趣旨と関連する部分を紹介しているが、正確な理解、利用のためにも、通知の全文を確認していただきたい。

ア　平成31年４月19日付次長検事依命通知（最高検判第５号）

㋐　可視化の対象

　同通知においては、次に該当する身体拘束事件において、取調べの録音録画を行うものとされた。

① 　「裁判員裁判の対象となる事件」（詳細省略）

② 　「検察官独自捜査事件」（詳細省略）

③ 　「知的障害者に係る事件」：知的障害を有する逮捕・勾留中の被疑者で、言語によるコミュニケーションの能力に問題がある者、または取調官に対する迎合性や被誘導性が高いと認められる者につき、被疑者として取調べを行う場合。

④ 　「精神障害者等に係る事件」：逮捕・勾留中の被疑者で、精神の障害等により責任能力の減退・喪失が疑われる者につき、被疑者として取調べを行う場合。

　なお、録音・録画の実施要領については平成31年４月19日付事務連絡（最高検判第６号）に記載されているのでこちらも確認が必要である。

㋑　可視化の除外事由

　前記③ないし④に該当するとして可視化の対象となったとしても、個々の取調べにおいて、以下のいずれかに該当する場合には、取調べの全部または一部について録音録画を行わなくてもよいこととされる。

① 　刑訴法301条の２第４項各号のいずれかに該当する場合

② 　公判請求が認められないとき（ただし、責任能力類型については、責任能力以外の事情により公判請求が見込まれないときに限る）

③ 　関係者の身体、名誉、プライバシー等の保護やその協力確保に支障を生じるおそれがある場合その他録音録画を行うことが不適当であると認められるとき

④ 　事案の内容、証拠関係、被疑者の供述態度・内容、録音録画実施の経過、予定される取調べの内容等を考慮し、録音録画を行う必要が認められないとき

イ　平成31年4月26日付警察庁刑事局長通知

　同通知においては、「精神に障害を有する被疑者に係る取調べ等の録音・録画」について次のように示している。まず、いわゆる裁判員裁判対象事件とは異なり、録音録画は「必要に応じ……実施するよう努めなければならない」として、努力義務とする。そして、対象となる「精神に障害を有する」被疑者とは、「知的障害、発達障害、精神障害等、広く精神に障害を有する被疑者のことをいう」とする。

　なお、通知に記載された「上記の障害を有する被疑者であって、言語によるコミュニケーション能力に問題があり、又は取調べ官に対する迎合性や被誘導性が高いと認められるものについては、事件における証拠関係、被疑者に与える精神的負担や供述への影響等を総合的に勘案したうえで、可能な限り広く取調べ等の録音・録画を実施すること」、「発達障害をはじめ、障害の中には、専門家による判断も難しいものがあり、診断に相当の期間を要するものもあることから、被疑者の障害の有無に係る判断を早期に行うことが困難な場合には、専門家による判断を殊更待つ必要はなく、個別事案に応じて、一定程度その可能性が疑われると判断できた段階で規範第182条の3第2項の対象として取り扱って差し支えない」との部分は、弁護人が積極的に引用し、可視化を実施させるように努めるべきであろう。

(3)　実践
ア　可視化の申入れを

　現在可視化の実施数は増加傾向にある。しかし要件に該当すると思われる事件が、当然のようにすべて可視化されているわけではない。要件に該当するか否かについて評価が分かれる場合もある。そもそも警察官の取調べにおいては、裁判員裁判対象事件以外の録音録画は「努力義務」にとどまる。

　したがって、障害をもつ被疑者の捜査弁護にあたっては、取調べ録音録画の実施対象にあたるとして、積極的に可視化の申入れを行わなければならない。その際には、精神障害者福祉手帳や療育手帳を有していること、入通院歴があることなど、客観的に証明可能な事実を速やかに把握し、根拠を示して捜査官に申し入れなければならない。仮に手帳を有していない場合でも、既往歴や関係者の供述なども資料として、現在の状態を説明することも有効

である。

　なお、疎明資料の添付も大切であるが、事の性質上、申入れは早急に行わなければならない。中には今回紹介した通知を把握していない捜査官もいるため、こうした場合にはこれらの根拠を示す必要もある。

イ　除外事由に注意を

　可視化の申入れにおいては、当該案件が可視化の除外事由に該当しないこと、たとえば、プライバシーへの影響については、抽象的な危険では足らないことを論証することも必要となろう。

　とくに注意すべき除外事由として、「被疑者が録音録画を拒否していること」という事由がある。被疑者によっては、録音録画の重要性が理解できず、取調官からの意思確認の場面で安易に拒否をしてしまうことも考えられる。そこで、被疑者に対し、録音録画の意義をわかりやすく説明しておかなければならない。そして取調べの際に取調官に対して、録音録画を希望する旨、はっきり告げるように助言しておくことが重要である。あらかじめ、被疑者名での可視化希望を書面化しておき、弁護人とともに申し入れることも有用であろう。

（川上）

2　起訴後

　被告人の障害の程度から責任能力に疑問がある場合は、責任能力を争うことになる（VI参照）。

　障害の程度が責任能力に問題を生じさせるものでなかったとしても、被告人に障害があることは量刑上、被告人に有利に扱われる場合がある。

　このように量刑上有利に扱われるのは、犯行が障害に起因しているといえる場合である。障害により責任非難の程度が下がると評価されるし、その障害への対応策が講じられれば、再犯可能性が減少・消滅すると評価されるからである。

　したがって、情状立証においては、障害の存在・内容・程度、障害への対応策だけでなく、犯行が障害に起因することも明らかにしなければならない。

(1) 障害の存在と内容、程度の立証

　通常、障害の存在・内容・程度は、医師の診断書や意見書、弁護人からの病院への照会に対する回答書、医療記録によって立証する。医師への意見書の作成依頼や照会を行う場合、事前に医師と面談が可能なのであれば、弁護人の問題意識を伝え、面談を踏まえた意見書や回答書を作成してもらうようにしておく。

　また、被告人が障害手帳を取得している場合には、市役所等の手帳の交付機関に対して、手帳交付の審査時に認定された被告人の病状や生活能力等について照会を行い、その回答によって立証するという方法もありうる。

　さらに、検察官が捜査段階においてすでに病院の医療記録や医師の供述調書を入手・作成していることもあるので、検察官に対してそれらの証拠開示を求めることもひとつの方法である。また、捜査段階で簡易鑑定が行われていることがあるので、その鑑定書についても同様に証拠開示を求めるべきである。

(2) 犯行が障害に起因することの立証

　犯行が障害に起因することの立証も、主に、医師の意見書や医師への照会に対する回答書等による。意見書作成依頼や照会を行う前の注意事項は、上記(1)と同様である。

　また、家族等に被告人の日常の行動を証言してもらうことも検討すべきである。たとえば、暴行や傷害の事件であれば、被告人がどのような場合に粗暴な行動に出やすいのかを尋問で明らかにし、当該犯行も同様あるいは類似の状況で行われていることに結びつける。

　さらに、被告人が語る犯行の動機が不可解な場合は、その動機自体が、被告人に通常の知的能力がないことや通常の精神状態になかったことを示す証拠になる。このような場合には、被告人質問においてその動機をありのままに語らせることも必要である。

　また、動機や態様に異常な要素がある場合には、事案によっては、犯行への障害等の影響の有無・程度を明らかにするために、情状鑑定を裁判所に請求したり、私的鑑定として行うことも検討しなければならない。

(3)　障害への対応策の立証

障害への対応策は、更生支援計画書等の証拠書類や情状証人によって立証する。

ア　更生支援計画書

まず、社会福祉士等の福祉専門職が作成する更生支援計画書が考えられる。

更生支援計画書は、被告人の障害等を踏まえて、再犯防止等の更生のために必要な施策をまとめた書面である。主に障害や福祉の専門家たる社会福祉士が作成するものである。

他の証拠書類と同様、検察官がこれを不同意とした場合には、作成者である社会福祉士等を証人尋問することになる。そのため、更生支援計画書の作成を依頼する社会福祉士等には、公判で証言する可能性があることを事前に説明し、承諾を得ておく必要がある。

なお、このような福祉的な支援の存在や内容は、更生支援計画書や社会福祉士の証言にこだわる必要はない。たとえば、すでに福祉的支援が構築されている被告人の場合には、当該福祉支援を行っている施設職員等の福祉関係者による今後の対応策についての証言でもよい。

イ　福祉関係の資料等

更生支援計画書の作成や福祉専門職の協力を得ることが難しい場合であっても、他の方法を検討する。

被告人が福祉サービスを受ける意思がある場合には、それがどのようなものであるかを明らかにするため、当該サービスに関するパンフレットなどを入手して、証拠請求する。これらは、当該サービスの窓口（市役所等）に問い合わせれば、無料で手に入れることができる。

ウ　情状証人

情状証人の尋問では、今後の監督や支援に実効性があることを示さなければならない。

そのためには、障害への対処として今後何をすべきか、それが可能なのかを語ってもらう必要がある。その際、更生支援計画書があるのであれば、家族にも理解してもらい、その内容を踏まえた尋問を行うべきである。

家族等であっても、そもそも被告人に障害があることに気づいていない場

合もある。そのような場合には、家族にも被告人の障害を十分に理解しておいてもらう必要があることはいうまでもない。そのためには、弁護人から医師の意見書や障害に関する書籍をもとに、障害への理解を促しておかなければならない。

⑷　被告人質問
ア　被告人の特性や能力に合わせた質問
　被告人質問にあたっては、障害特性や被告人のコミュニケーション能力等をよく理解しておく必要がある（なお、障害特性についてはⅡ参照）。被告人の特性や能力は、捜査段階からの接見を通して見極めておくことが重要である。

　被告人の特性や能力を理解したうえで、どのような発問をすれば被告人が答えやすいのかを考え、事前に十分な準備をしておかなければならない。たとえば、抽象的な質問に答えられない、平易な言葉しか理解できない等が典型例であるが、このような特性を踏まえた準備が必要である。

イ　何を聞くか
㈠　反省
　通常の事件と同様に、その犯罪行為がなぜ悪いことなのか、被害者にどのような影響を与えたのか、犯行の原因は何なのかを語らせる。

　もっとも、被告人の特性や能力によっては、それを十分に理解・表現できないこともある。その場合でも、無理に誘導するのではなく、質問の仕方を変えて、可能な限り自分の言葉で語ってもらうよう工夫することが重要である。

㈡　更生の意欲
　更生支援計画書や福祉的支援に関する証拠が採用されても、計画や支援の存在や内容が立証されたにとどまる。被告人質問では、被告人本人に更生支援計画を履践し、福祉的支援を受ける意思を確認する必要がある。

　その際、被告人が「計画に従って生活します」と述べるだけでは足りない。被告人がその内容を理解し、それに従うことにした理由等を語ることによって、その計画を履践する意思を明らかにすべきである。もっとも、この点も、被告人の知的能力によっては困難な場合もあるので、被告人の知的能力に照

らして可能な限りで質問する。

⑸　弁論

　弁論では、以上の立証を踏まえ、犯情として、犯行が障害に起因していることから責任非難の程度が下がることを論じる。そして、一般情状としては、犯行の原因となった障害が福祉的支援や家族の理解・協力によって対処されることをもって再犯可能性が減少していることも論じる。

　また、被告人質問で反省や謝罪の気持ちをうまく語れなかった場合には、それも障害に原因があり、反省や謝罪の気持ちがないと評価してはならないことを指摘することも必要である。

（久保田）

3　裁判員裁判

⑴　「市民感覚」への対応
ア　裁判員裁判の留意点

　裁判員裁判では、従来裁判官だけで行われてきた事実認定や量刑判断について、一般市民が参加することで、刑事裁判に「市民感覚」を取り入れることができるとされる。

　しかし、一口に「市民感覚」といっても、その内容は千差万別であり、それは必ずしも被告人にとって有利なものであるとは限らない。裁判員裁判では、「市民感覚」の名の下に、被告人という立場に置かれた者や、障害をもった者に対する不当な判断が行われる可能性が否定できない。裁判員裁判を担当する弁護人は、常にこのような可能性があることに留意しなければならない。

イ　「市民感覚」の把握

　刑事裁判や障害者との関わりをもたない市民の「市民感覚」には、「被告人」や「障害者」への無理解・偏見が存することがある。普段の生活で障害者と関わる機会がない人の場合、障害に関する知識や理解を深める機会や動機もないことが多い。

　そのような者が裁判員となった場合、犯罪を行った障害者を、自分たちの市民社会から隔離・追放し、できる限り厳罰に処すべきという考え方を有す

る可能性は否定できない。また、心神喪失や心神耗弱の場合に、処罰されず、あるいは刑が減軽されることになっている刑法の規定を是としない考えをもつ者もいることを意識しておかなければならない。

もちろん刑事裁判においては、このような考え方は排除されるべきものであるが、放っておいても当然に排除されるわけではなく、弁護人による説明・説得が必要であると考えるべきである。このような考え方は当然排除されるべきだとして無視し、何の対応もしないでいると、思わぬ結果に陥ることもある。

さらに、そこまでの偏見を有していないとしても、障害者の被告人について、社会に復帰させてよいかどうか、再度犯行を行うのではないか、という漠然とした不安を感じる裁判員は多い。そのため弁護人には、そのような裁判員の不安を払拭する弁護活動が必要である。

ウ　法曹関係者の偏見

また、一般社会における偏見だけではなく、弁護人をはじめ、裁判官、検察官等の法曹関係者が障害に対して抱く偏見にも注意が必要である。

触法行為を行い、刑事裁判等にかかるような障害者は、障害をもつ者全体との比率をみれば、ごく一部といえる。しかし、法曹関係者が接する機会が多い障害者は、このような触法行為を行ってしまった者が多く、このような経験を基準と考え、誤った認識を有する可能性がある。

弁護人としては、このような可能性も踏まえ、自己および検察官や裁判官の行為等に不当な偏見が存しないかを確認し、是正していく必要がある。

(2)　障害者被告人の場合に必要な留意点

ア　医療観察法、精神保健福祉法との関係

刑事罰が科せられないとしても、医療観察法ないし精神保健福祉法により被告人が医療とつながる場合は多い。このことを理解している裁判員は少数と思われる。そこで、刑事罰が科せられない場合でも、被告人が引き続き医療観察法ないし精神保健福祉法により医療の要否を判定されることの説明を、弁護人から行うべきである。

また、被告人の特性や罪名から、医療観察法の対象とならないとしても、その障害自体が罪体や犯情に多大な影響を与えているような場合には、当該

被告人にとって真に必要な措置が、刑務所における矯正処遇ではなく、適切な医療機関等による治療であることを主張することも考えられる。

このような場合はとくに、弁護人が被告人と適切な医療機関とをつなぎ、適切な治療や支援を受けられるような用意を調えるなどの対応を行い、矯正処遇によらない手当ての準備ができていることを裁判員に訴える方法も検討しなければならない。

イ　弁護人の理解

⑺　弁護人自身が障害を理解すること

　裁判員裁判、あるいは障害をもった被告人の場合に限らないが、まず公判廷における弁護活動の前提として、弁護人は事実認定者に伝えるべき内容を十分に検討し、理解していなければならない。障害をもった被告人の場合には、一般的な当該障害の症状はもちろん、事件に応じ、その被告人自身の症状や特性、考え方などの具体的事情を十分に把握することが必要である。

　さらに、責任能力がない場合に刑事責任を問わない根本的な理由、すなわち責任非難と刑罰との関係や、いわゆる医療観察法の手続などの法的知識についても、法的知識がない裁判員を説得できるよう、理解を深めておかなければなければならない。精神の障害により責任能力を争う場合、当該被告人には、医療観察法上の手続に基づく治療を受けさせるべきか、医療観察法対象外の事案であれば、措置入院が必要か、あるいは刑罰による制裁を科すべきかという処遇が問題となる。裁判員の中には、被告人に責任能力が認められなければ、すぐに釈放されて、何のケアもなく自由の身となるとの誤解をしている者もいるため、医療観察法、およびその後の処遇についての説明は必ず行う必要がある。

⑻　理解のための方策

　弁護人が障害を理解するためには、まず被告人とのコミュニケーションを図ることが重要である。また、被告人だけではなく、近親者や関係者、主治医等から積極的に聴き取りを行い、その個性を把握するように努めなければならない。

　また、事件記録、とくに医療記録等は必ず確認し、必要があれば医学書や各種文献を調査することも必要である。

　さらに、責任能力を争う場合はもちろん、情状鑑定も含めて鑑定請求や私

的鑑定の実施を検討すべきである。この場合弁護人は、鑑定書を分析し、鑑定医からの聴取やカンファレンスの手続を利用するなどして、被告人の状態を把握すべきである。

ウ　事実認定者に対する適切な説明

(ア)　適切な説明を行うこと

　被告人の特性等を理解したら、当然それを事実認定者にきちんと伝えなければならない。そして前述のような偏見を含んだ「市民感覚」が誤りであることを説得的に主張し、弁護人が求める被告人の処分について、事実認定者の共感を得なければならない。

　そのために弁護人は、証拠や証言を十分に検討する必要があるし、受けるべき治療や入院施設の確保が必要な場合等には、弁護人において今後の環境を積極的に作出する必要がある場合もある。

　漫然と「障害がある」というだけでは何も語っていないに等しく、罪体や量刑への有利な影響は期待できないと考えるべきであり、具体的事件において、当該被告人にどのような障害があり、それによってどのような認識を有し、なぜそのような行動に出たのかなどを丁寧に説明するべきである。

　そして公判廷では、冒頭陳述、証人尋問、被告人質問や弁論において、最も適切な表現や方法で弁護人の主張を行う必要がある。裁判員裁判では、裁判員にとってのわかりやすさが重視される傾向があるが、障害の内容や、責任能力の判断等についても簡にして要を得た説明によって行わなければならない。

(イ)　説明すべき事項

　事実認定者に対して説明すべき事項は、当該事件の内容、性質、被告人の障害の程度や影響等、具体的事情によってケースバイケースであるが、概ね以下のような事項の説明が必要である。

　まず、当該被告人の障害特性および同障害特性の事件への影響についての説明は必ず行うことになろう。とくに障害特性によっては、一見不合理と思われる供述内容の理由や、迎合的傾向を有する被告人の取調官に対する供述態度への影響など、説明すべき場合が多いといえる。

　また、覚せい剤精神病等の一部の場合を除き、障害を負うに至った事実自体は本人に責められる点がないことは、あらためて説明しておくべき場合が

ある。

さらに責任能力を争う事案の場合は、当該被告人の責任能力の程度、内容、ならびに本件における具体的事情および当てはめ等を説明しなければならない。そして、その前提として、なぜ責任能力がなければ処罰しないとされているのかという点を十分に説明し、理解してもらわないといけない。

なお、裁判員裁判では、裁判員が選任された直後から、裁判長によって刑事裁判の原則が説明されるが、重要な原則については、弁護人も冗長にならない範囲で再度説明しておくべき場合もある。

公訴事実を争わないような場合には、上記の障害特性や、事件への影響を説明したうえで、刑事施設内処遇の実際や、いわゆる医療観察法における処遇の内容を説明することも考えられる。

さらに、執行猶予や刑の減軽を主張する場合には、当該被告人の治療や入通院の状況の説明や、または治療・入通院すべき施設の確保状況等の説明をすべきである。そして、再犯可能性がないこと、および再犯しないための今後の具体的対応について、説得的に論じる必要もある。

(3) 公判前整理手続における弁護活動

ア 公判前整理手続

裁判員裁判では、必要的に公判前整理手続に付される。被告人が障害を有する場合であっても、とくに公判前整理手続の手続自体は変わるわけではないが、各手続において弁護人が検討すべき事項は変わってくる。弁護人は、同手続においても、上記のような障害の理解を深め、また適切な説明を行うための方策を検討しなければならない。

イ 各手続の利用

公判前整理手続において、障害の理解を深め、適切な説明を行うために利用すべき手続は、大きく①証拠開示、②予定主張、③鑑定請求である。

①証拠開示の手続は、検察官請求証拠の開示、類型証拠開示、主張関連証拠開示があり、その他検察官からの任意の証拠開示もある。

開示される証拠がより多いほど、事件、および被告人の障害特性を知ることが可能であり、関係証拠はできる限り漏れなく開示させなければならない。知的障害を有する被告人で、一定の条件を満たす場合や、責任能力の減

退・喪失が疑われる被告人の場合、裁判員裁判では捜査段階の取調べについて、原則全過程が可視化されることになっている。開示記録が膨大な量となる場合も多いが、録画を詳しく検討することにより、被告人の情況がよりよくわかることもあるし、精神鑑定の結論に影響を与えるような場面が録画されていることもありうるため、すべて開示させて分析すべきである。

　②弁護人の予定主張では、被告人の障害特性や、事件への影響等について主張し、争点を明示しなければならない。とくに責任能力を争う場合には、当該行為と障害との関係を明確に主張しておくべきである。

　また、障害についての主張の裏づけとなる証拠は、検察官の請求証拠や、類型証拠開示請求、あるいは任意開示によって開示された証拠では足りないことも多く、積極的に主張関連証拠開示請求を行う必要がある場合も存する。

　③精神鑑定を行う場合、公判前整理手続に付されていれば、通常は鑑定請求も同手続内で行うことになる。鑑定請求が認められた場合、裁判所が鑑定人を選び、数カ月かけて鑑定したうえで鑑定書が提出される。そして公判では、裁判所は鑑定人を公判廷に呼んで鑑定人尋問を行い、鑑定人は鑑定書に沿った内容を、パワーポイント等を使用して説明することになるのが一般的な流れである。鑑定書や、鑑定人が公判廷で使用するパワーポイントの内容等は、事前に当事者に開示され、また、鑑定内容の説明を当事者に事前に行うカンファレンスという手続も、公判前整理手続において行われる。カンファレンスでは、裁判官が立ち会わず、当事者と鑑定人だけで行われることも多く、また弁護人が直接鑑定人に質問等をすることも可能である。

　ただ、裁判所が選んだからといって必ずしも鑑定人の資質が保証されているわけではない。とくに捜査段階で、検察の依頼に応じて簡易鑑定等を行った医者が、裁判所の鑑定においても採用されることもある。

　そのため、弁護人としては、私的鑑定を行うことも視野に入れておくべきである。私的鑑定は、費用もかかり、採用されないことも多いが、裁判所の選任した鑑定人の供述内容等を、専門的知識をもって分析することが可能であるし、判決の内容によっては控訴審で利用することも可能である。

　なお、事案にもよるが、有用な私的鑑定の費用については、支払った後に刑事弁護援助基金等から填補される単位会もあるため、同制度がある単位会

では申請を検討すべきである。

(4) 公判での伝え方
ア　わかりやすく伝えること

　公判廷で主張する内容は十分検討すべきであるが、それが事実認定者に伝わらなければ意味がない。とくに裁判員裁判では、裁判員は裁判の経験もなく、法的知識もないので、いかに説得的に弁護人の主張を伝え、共感を得られるかが重要である。

　裁判員裁判では、裁判所も、従前の裁判官裁判のような書面主義はとらず、直接主義、口頭主義による訴訟遂行を行う方針をとっており、法廷でいかに伝えるかという点を軽視してはならない。裁判員裁判では、主張の内容が正しかったとしても、事実認定者に共感してもらえなければ、ただのひとりよがりの主張と同様といっても過言ではない。そのため、弁護人としては、主張を的確に伝えるための法廷技術の習得が必須といえる。

　また、難解な法律概念や、医学用語について、理解してもらうための説明方法を工夫し、検討しなければならない。

イ　被告人の特性に応じた対応

　障害をもった者の刑事弁護では、公判廷においても被告人の特性に応じた対応が必要となる。たとえば人前では話が上手にできず、普通に被告人質問を行うだけでは理解してもらうことが困難であるような場合にも、工夫が必要であろう。このような場合、質問をできる限り平易に短くしたり、被告人質問はポイントだけ聞き、その他の点は別の証拠を利用したり、法廷で使用するビジュアルエイドなどを工夫したりすることは積極的に検討すべきである。

　裁判員裁判では、被告人の法廷での一挙手一投足が判断の材料とされうるものであり、被告人としては精一杯謝罪の意思を有しているのに、法廷でそれを表現できなかっただけで、反省等をしていないと判断されるようなことは避けなければならない。このような場合、弁護人としては、当該被告人の特性や症状を理解し、事実認定者に十分伝えたうえで、障害をもたない者からすれば不十分にみえても、当該被告人にとっては精一杯の表現であることを理解してもらう必要がある。

（清水）

4 刑の一部執行猶予

(1) 制度の概要

2016 (平成28) 年 6 月から、刑の一部執行猶予制度の運用が始まっている。宣告刑のうち一部だけの執行を猶予することを可能とする制度である。刑法改正に加えて、薬物事犯については特則が設けられたが、実際には薬物事犯を中心に適用されている。

(2) 要件
ア 刑法上の要件

刑法27条の 2 第 1 項によると、一部執行猶予の対象となるのは、
① 前に禁錮以上の刑に処せられたことがない者
② 前に禁錮以上の刑に処せられたことがあっても、その刑の全部の執行を猶予された者
③ 前に禁錮以上の刑に処せられたことがあっても、その執行を終わった日又はその執行の免除を得た日から 5 年以内に禁錮以上の刑に処せられたことがない者

である。①ないし③のいずれかに該当する者が 3 年以下の懲役または禁錮の言渡しを受ける場合で、刑の一部の執行が猶予されるのは、「犯情の軽重及び犯人の境遇その他の情状を考慮して、再び犯罪をすることを防ぐために必要であり、かつ、相当であると認められるとき」である。

イ 薬物事犯に関する要件

薬物使用等の罪を犯した者に対する刑の一部の執行猶予に関する法律 (以下、「薬物法」という) は、薬物事犯について特則を定めている。薬物法 2 条 2 項に規定されている薬物使用等の罪またはその罪および他の罪について 3 年以下の懲役または禁錮が言い渡される場合であれば、いわゆる累犯者であっても一部執行猶予が適用されうることになっており、刑法犯に比べて刑の一部執行猶予の適用範囲が広げられている。薬物事犯の場合は、累犯者に刑の一部執行猶予が適用される場合、その期間中は必ず保護観察に付されることになる (薬物法 4 条 1 項)。

ウ　必要性・相当性の要件

　以上の要件に加えて、「犯情の軽重及び犯人の境遇その他の情状を考慮して、再び犯罪をすることを防ぐために必要であり、かつ、相当であると認められるとき」に刑の一部執行猶予を言い渡すことができる。以下のような事情から判断される。

(ア)　再犯のおそれ

　一部執行猶予は施設内処遇と社会内処遇の連携によって再犯防止を図る制度であり、再犯のおそれが要件になるとされている。3年以下の懲役または禁錮に処される事件であっても、過失による交通事犯、経済事犯、介護疲れによる家庭内殺人事犯等再犯のおそれが認められない類型もあり、この場合、一部執行猶予は適用されない（ただし、一定の事情があって自宅に放火をしたという現住建造物放火の裁判員裁判で一部執行猶予判決が言い渡された事例がある〔名古屋地判平28・6・24〕）。

(イ)　有用な社会内処遇方法の存在

　有用な社会内処遇方法があることが要件になるとされている。単に早期に社会復帰する必要性があることや社会内での生活環境が整っていることでは足りず、どのような社会内処遇があり、それが再犯防止に有用であるのかが明らかにされなければならない。薬物事犯のほか、性犯罪事犯、暴力事犯およびアルコール依存の飲酒運転事犯については、保護観察所の専門的処遇プログラムが存在する。保護観察所の専門的処遇プログラムが存在しない窃盗事犯についても、民間医療機関における治療の有用性を主張立証して、一部執行猶予の適用対象とする余地があるが、検察官が反対意見を述べる可能性があり、弁護人側から有用な社会内処遇方法が存在することを十分に主張立証することが求められる。

(3)　取消し

　刑の一部執行猶予の言渡しがされた場合、以下の場合には、言渡しが必要的に取り消される（刑法27条の4、薬物法3条、5条）。

①　猶予の言渡し後にさらに罪を犯し、禁錮以上の刑に処せられたとき
②　猶予の言渡し前に犯した他の罪について禁錮以上の刑に処せられたとき
③　猶予の言渡し前に他の罪について禁錮以上の刑に処せられ、その刑の全

部について執行猶予の言渡しがないことが発覚したとき（薬物法の場合には適用なし）

また、以下の場合には裁量的に取り消される（刑法27条の5）。

① 猶予の言渡し後にさらに罪を犯し、罰金に処せられたとき

② 保護観察に付された遵守事項を遵守しなかったとき

(4) 一部執行猶予判決が言い渡されると

刑の一部執行猶予が言い渡される場合の主文は、「被告人を懲役2年に処する。その刑の一部である懲役6月の執行を2年間猶予し、その猶予の期間中被告人を保護観察に付する」というものになる。

一部執行猶予制度を適用した判決が確定すると、まずは執行が猶予されなかった期間の刑が執行され、その執行を終わった日またはその執行を受けることがなくなった日から、執行が猶予された刑期についての猶予期間が起算される（刑法27条の2第2項）。

上記の例では、まず1年6カ月の懲役刑が執行され、その執行を終わった日またはその執行を受けることがなくなった日から、執行が猶予された6カ月間の刑期についての2年間の猶予期間が起算される。

(5) 運用状況

制度の運用が始まり、多くの一部執行猶予判決が全国で言い渡されている。2016（平成28）年8月までの日弁連の調査によると、対象事件のほとんどが薬物事犯であり、ほぼすべてに保護観察が付されている。宣告刑は検察官求刑の75％程度、一部猶予期間は宣告刑の20〜25％となっている。審理の中で当事者が一部執行猶予に言及しなくても一部執行猶予判決が言い渡されている例も多くあることに留意する必要がある。

2017（平成29）年度司法統計によると、地方裁判所で一部執行猶予が付された判決は1,503件あり、うち1,496件が保護観察が付されている。また、高等裁判所で原判決が破棄されて一部執行猶予が言い渡された事例が13件ある。

他方で、2017年検察統計によると、刑の一部執行猶予が取り消された事例は9件ある。

⑹　弁護活動上の留意点

　一部執行猶予は、全部執行猶予か実刑かの判断に迷った場合の中間的な選択肢ではなく、実刑相当と判断された場合にとりうる選択肢と位置づけられており、いわゆる「中間刑」ではない。立法経緯の中で、これまで全部執行猶予とされてきたような事件は今後も全部執行猶予とされる旨の説明がされていた。そのうえで、実刑相当事案であるけれどもその刑の一部の執行を猶予する選択肢を新たに設けるのは、施設内処遇と社会内処遇の連携によって再犯防止および改善更生を図るためであると説明されてきた。

　裁判所は、まずは実刑相当か全部執行猶予相当かを判断し、実刑相当であると判断して、かつ、その宣告刑が３年以下であると判断した場合に、一部執行猶予とするかどうかを特別予防の見地から判断することになる。

　一部執行猶予を求める場合には、一部執行猶予を言い渡すことの必要性・相当性を意識した弁護側立証をして、弁論でもその旨を明示することを忘れてはならない。そのような立証がされないまま、弁護人が弁論でいきなり一部執行猶予を求めたところ、裁判官が審理を続行し、弁護人に必要な立証を求めたため、結果として判決が延びた例もあるので注意が必要である。

　裁判所の判断手順を前提にすると、弁護人としては、これまで全部執行猶予を求めてきたような事件については、今後も全部執行猶予を求めていく必要がある。

　条文上は、薬物事犯の累犯者以外であれば、保護観察に付さないことはできる。しかし、裁判所の運用が保護観察を付することを原則としている現状を踏まえると、弁護人としては、保護観察に付する必要がないと判断される場合は、保護観察に付さなくとも実効的な立ち直りが可能であることを積極的に主張立証することを検討すべきである。

　刑の一部の執行が猶予される場合、全部実刑とされた場合よりも刑務所から釈放される時期は早くなるものの、保護観察期間が満了して国家による干渉から完全に解放される時期は遅くなる。一部執行猶予を求める場合であればもちろんのこと、求めなくても一部執行猶予判決が言い渡されうることも含めて、制度の仕組みや運用を十分に被告人に説明し、防御方針についての意思を確認する必要がある。

知的障害や精神障害のある被告人の場合、長期間の保護観察を伴う執行猶予期間を受け入れることがかえって立ち直りへの弊害になることも想定できるので、身体拘束解放時に、連携する福祉専門職や諸機関と十分に協議するべきである。

(高山)

5　判決後の活動

(1)　社会福祉へつなぐ活動

　弁護人としては、被告人が執行猶予判決を受ける可能性が高いときは、被告人に障害があり、自身の力だけでは社会復帰後の生活の立て直しができない場合であっても、情状弁護の一環として、判決前に社会復帰後の生活環境調整を行うことを考えないことが多いと思われる。しかし、被告人に障害があり、自身の力だけで社会復帰後の生活の立て直しができない場合、被告人の社会復帰後の生活を考えると、情状弁護として主張立証するかは別として、執行猶予の判決を受ける可能性があるのであれば、判決前に社会復帰後の生活環境調整を行うほうが望ましい。

　もっとも、時間的な制約や被告人の特性等から、執行猶予判決の前に生活環境調整ができないこともあると思われる。そのような場合に、被告人に対して何の支援もなければ、自身の力で福祉機関等につながることができないことも多い。すぐに再犯を犯し、再び身体を拘束され、裁判を受けなければならない状況になることも考えられる。そのため、判決前に生活環境調整ができなかった場合には、弁護人自ら、被告人の支援者の一人として、被告人の希望する支援を聴き取り、その支援を行うことができる福祉機関等へつなげることが望ましい。

　また、情状弁護の一環として、大阪モデル等を利用して、社会復帰後の生活環境調整を行い、社会復帰後に支援してくれる福祉関係者が見つかっている場合がある。しかし、この場合に、弁護人が判決後は一切関わらないという姿勢では、被告人や支援者に対して、不信感や不安感を与える可能性もある。そのため、少なくとも被告人の社会復帰後の生活が安定するまで、弁護人も、被告人の支援者の一人として、関わり続けてもらえるとありがたい。

ア　生活保護申請の同行

被告人に障害がある場合には、自身で、窓口で生活保護を受ける必要性や緊急性を的確に伝えることができず、いわゆる「水際作戦」にあう可能性もあることから、被告人に同行して、生活保護申請を行うことは有用である。

被告人が執行猶予等となった場合に、被告人を拘置所等に迎えに行き、生活保護申請に同行することが望ましい。

イ　入所先・入院先への同行

大阪モデル等を利用して入所先や入院先を確保しても、被告人が自身で入所先等に向かうことができなければ、被告人を支援者につなぐことができない。そこで、被告人の入所先・入院先へ同行することが望ましい。

生活保護申請の必要がある場合は、入所先等に同行する前に必ず行わなければならない。そうでなければ、入所日から生活保護を受給することができなくなり、被告人が多額の費用を負担しなければならなくなる。

生活保護申請には数時間要するため、夕方までに入所先等に到着する必要がある場合には、護送車に乗って拘置所に戻っていると間に合わないことも考えられる。そのような場合には、判決を朝一番の時間にしてもらい、被告人を裁判所の地下の仮監置室から連れ出すことも考えられる。そして、拘置所に被告人の荷物をとりに行く旨連絡して、公共交通機関等を利用し、被告人とともに拘置所に向かい、荷物を取って、生活保護申請を行った後で、入所先等に向かえば、夕方までに到着することができるはずである。

ウ　保護観察所への同行

更生緊急保護（保護観察所が出所者に対して宿泊場所や食事を供与する等の制度）を利用した場合や、被告人が保護観察付き執行猶予を受けた場合は、被告人は判決後に保護観察所に行くことになる。

なお、更生緊急保護を利用するためには、判決日より前に、公判担当検察官にいわゆる「保護カード」の交付を依頼し、被告人が判決日に同カードを受領し、保護観察所に同カードを持参する必要がある。

被告人に障害がある場合には、自身で、保護観察所へ向かうことができない場合も考えられる。また、一人で保護観察所へ行っても、保護観察官の話を理解することができない場合も考えられる。そこで、そのようなことが想定される場合には、保護観察所へ同行することが望ましい。

エ　成年後見制度の利用

　障害のある被告人にとって、身近で親身になって支援してくれるキーパーソンの存在は、心の安定、生活の安定につながる。支援者の中にキーパーソンがいない場合には、成年後見制度を利用し、成年後見人等をキーパーソンとすることは有用である。

　もっとも、被告人のその後の人生に関わる重要なことがらであることから、成年後見制度を利用するか否かは、被告人の意思も尊重しながら、慎重に判断すべきである。

オ　カンファレンスへの参加

　定期的に被告人や支援者が集まって、被告人の生活状況を確認したり、被告人の支援方針を決めたりする等のための会議（カンファレンス）が開かれることがある。弁護人も支援者の一人として、カンファレンスに参加して、被告人の生活状況等を確認することが望ましい。

⑵　控訴に伴う活動

　控訴取下げ無効の手続

　控訴をした被告人が正常な判断ができない状態で、控訴を取り下げることがある。そのような場合には、控訴取下げ無効を理由に公判期日指定の申立てを行うべきである。

（高橋）

VI 障害と責任能力

1 責任主義について

　犯罪が成立するには、構成要件該当性および違法性が認められるだけでは足りず、行為者に責任が認められることが必要であり、その限度で刑罰を科すことができる。これを責任主義という。

　責任とは、行為者が違法行為を行ったことについて、その行為者を非難できることをいう。人は、通常、自らの自由意思で自らの行動を選択するのであるから、その中であえて悪い意思決定を行ったといえる場合には、当該意思決定を行った行為者に対する非難は可能であろう。

　しかし、たとえば、幻覚、妄想等に直接支配された者がとってしまった行動についてまで、自らの自由意思であえて悪い意思決定を行ったと非難することはできない。そのため、このような場合には、責任を認めることはできず、刑罰を科すことはできない。これが責任主義からの帰結である。

2 責任能力とは

　刑法39条は、「心神喪失者の行為は、罰しない」（1項）、「心神耗弱者の行為は、その刑を減軽する」（2項）と定めているだけで、法令上、責任能力の定義規定はない。そのため、「心神喪失」「心神耗弱」の定義を考えるにあたっては、刑法がなぜその者の行為を不処罰ないし刑の減軽をすることとしたのか、責任主義の観点に立ち返って考える必要がある。

　判例によれば、心神喪失とは、精神の障害により事物の理非善悪を弁識する能力がなく、またはこの弁識に従って行動する能力のない状態を指称し、心神耗弱とは、精神の障害が未だ上記能力を欠如する程度に達しないが、その能力が著しく減退する状態を指称するものと定義されている（最大判昭6・12・3大審院刑事判例集10巻12号682頁等）。これによれば、心神喪失・心神耗弱は、「精神の障害」という生物学的要素と、「事物の理非善悪を弁識

する能力（事理弁識能力）と、この弁識に従って行動する能力（行動制御能力）の少なくともいずれか一方の欠如または著しい減退」という心理学的要素の２つの要素から成り立っていることになる。

3　責任能力判断における法律家の役割と鑑定人の役割

　責任能力の有無およびその程度に争いのある事件では、鑑定意見の評価に争いが生じるのが通常である。

　この点、被告人の精神状態が心神喪失または心神耗弱に該当するかどうかは法律判断であり、鑑定意見は裁判所の判断を拘束するものではないが（最三小決昭58・9・13裁判集刑事232号95頁参照）、生物学的要素である精神障害の有無およびその程度、ならびにこれが心理学的要素に与えた影響の有無およびその程度については、その診断が臨床精神医学の本分であることから、専門家たる精神医学者の意見が鑑定等として証拠となっている場合には、鑑定人の公正さや能力に疑いが生じたり、鑑定の前提条件に問題があったりするなど、これを採用しえない合理的な事情が認められるのでない限り、その意見を十分に尊重して認定すべきものとされている（最二小判平20・4・25刑集62巻5号1559頁）。

　そのため、いくら鑑定意見が裁判所を拘束するものではないとはいえ、責任能力判断における鑑定意見には相当の重みがあり、また、裁判員裁判の場合には、鑑定意見は裁判員にとっては無批判に受け入れてしまいがちなものであるという側面があることにも留意しておく必要がある。

　前述のとおり、心神喪失または心神耗弱に該当するかどうかは法律判断であるから、鑑定人といえども、その専門的知見に基づいて述べることのできる部分とそうではない部分があり、その点は明確に切り分けて考える必要がある。

　そのため、責任能力判断にあたっては、まずは法律家と鑑定人が双方の役割分担について共通認識をもつことが必要になるが、そのための視点として、岡田幸之医師が提言する「8ステップ」（精神神経学雑誌115巻10号）が参考になる。

　岡田医師は、責任能力の判断構造を、①精神機能や症状に関する情報収

集、②精神機能や症状の固定、③疾病診断、④精神症状や病理と事件の関連性の抽出、⑤善悪の判断や行動の制御への焦点化、⑥法的文脈における弁識能力、制御能力としてみるべき具体的な要素の特定、⑦弁識・制御能力の程度の評価、⑧法的な結論、という「8ステップ」に整理することを提言し、責任能力は①②③⑧ではなく、①②④⑤⑥⑦⑧という流れで決められること、刑法39条の解釈と適用を要する⑤以降ではなく、④が鑑定意見の核であることを指摘している（詳細につき原典を確認されたい）。

　弁護人としては、これらの視点も参考にしながら、法律家の視点から鑑定書の内容を精査し、鑑定意見の弾劾ポイント等を具体的事案に即して検討することになる。

　たとえば、事案によっては複数の鑑定意見が問題となる場合も考えられるが、よくよく検討してみると、それぞれの鑑定意見が一見異なる意見となっているように見える部分でも、実は法的にはほとんど差異のない意見となっている場合もありうる。そのため、弁護人としては、それぞれの鑑定意見が、どの点で、どのような理由から異なっているのかを明確に意識しておく必要があり、この点を意識することで弾劾ポイント等に焦点を当てた尋問事項を組み立てることも可能になると考えられる。

　ところで、責任能力判断にあたって利用されることのある視点として、他害行為を行った者の責任能力鑑定に関する研究班編「刑事責任能力に関する精神鑑定書作成の手引き」（平成18〜20年度総括版〔ver.4.0〕）に記載されている、鑑定の考察にあたっての「7つの着眼点」というものがある。

　これは、前記「8ステップ」のうちステップ④（精神症状や病理と事件の関連性の抽出）を法廷で解説する際に利用されることのある着眼点として紹介されているものであるが、具体的には、①動機の了解可能性／了解不能性、②犯行の計画性、突発性、偶発性、衝動性、③行為の意味・性質、反道徳性、違法性の認識、④精神障害による免責可能性の認識の有／無と犯行の関係、⑤元来ないし平素の人格に対する犯行の異質性、親和性、⑥犯行の一貫性・合目的性／非一貫性・非合目的性、⑦犯行後の自己防御・危険回避的行動の有／無、の7つの項目が挙げられている（詳細につき原典を確認されたい）。

　この「7つの着眼点」は責任能力の判断基準と誤解されうるものであるが、これらの着眼点は、手引きの中でも注意喚起をされているように、あくまで

も着眼点として挙げられているものであって、基準のように扱われるべきものではない。

　実際のところ、動機の了解可能性／了解不能性の点についていえば、動機の設定の仕方によって動機は了解可能なものとなることもあるのであるから（「人を殺したいと思って人を殺した」など）、動機の内容およびその評価の比重については慎重に検討する必要がある。事案によっては、どうして人を殺したいと思ったのか、動機の形成過程に目を向けると、精神障害の影響を強く受けていると考えられることもある。

　そのため、弁護人の立場からは、鑑定書等において「7つの着眼点」が誤用されていないかという点を意識しつつ、裁判員への不当な影響を避けるべく、「7つの着眼点」に言及しないよう検察官、鑑定人に申し入れる姿勢も必要である。

4　責任能力を争う場合の弁護活動

(1)　証拠の収集

　起訴された直後の段階では、被告人の責任能力に関する証拠が十分に得られていないことが多い。そのため、まずは責任能力に関する証拠を収集する必要がある

　まず、公判前整理手続に付された事件であれば、類型証拠開示請求（刑訴法316条の15）や主張関連証拠開示請求（同法316条の20）により、入通院先の診療録、主治医からの聴取内容に関する捜査報告書等の証拠があれば、これらの証拠を収集することが可能である。裁判員裁判対象事件では、必要的に公判前整理手続に付されることになっているが（裁判員の参加する刑事裁判に関する法律49条）、裁判員裁判非対象事件であっても、公判前整理手続に付すよう請求する権利が認められているため（刑訴法316条の2第1項）、事案に応じて積極的に公判前整理手続に付すよう請求すべきである。

　また、公判前整理手続に付された事件では、起訴後ほどなくして、進行協議を兼ねた打合せが行われることが多く、初回打合せにおいて検察官に対し、責任能力を争う可能性があることを伝え、責任能力に関する証拠の任意開示を求めることが考えられる。仮に起訴前鑑定（簡易鑑定あるいは鑑定留

置を経ての正式鑑定）が行われている場合には、早期の段階で、起訴前鑑定の鑑定書の開示を受けることもできる。鑑定書の開示を受けた場合には、鑑定受託者にどのような資料が提供されているかを確認しておくべきである。

　さらに、勾留中の被疑者や被告人の動静、治療状況等を確認するために、留置関係簿冊を23条照会や公務所照会（刑訴法279条）によって取り寄せることもある。

(2)　証拠の検討、鑑定請求等

　起訴前鑑定が行われており、その内容を争う場合には、前述した「8ステップ」も参考にしながら、どの点を争うかを明確にする必要がある。鑑定受託者との面談を試みたり、鑑定資料の不足等により前提事実等を誤認していないかなどを確認したりすることで、起訴前鑑定の問題点を洗い出し、再鑑定請求等を検討すべきである。

　他方で、起訴前鑑定が行われていない場合であっても、被告人の責任能力に疑念があるときは、鑑定請求や私的鑑定を行うことを検討すべきことに変わりはない。

　いずれにしても、証拠等の検討は重要ではあるが、鑑定請求が遅延することのないように注意する必要がある。

　なお、鑑定は、裁判員裁判非対象事件では、第1回公判後の審理の中で行われるが、裁判員裁判対象事件では、公判前整理手続において鑑定を行うことを決定した場合において、当該鑑定の結果の報告がなされるまでに相当の期間を要すると認めるときは、検察官、被告人もしくは弁護人の請求によりまたは職権で、公判前整理手続において鑑定の手続（鑑定の経過および結果の報告を除く）を行う旨の決定（鑑定手続実施決定）をすることができる（裁判員の参加する刑事裁判に関する法律50条）。

　再鑑定を請求する場合には、当該事案における被告人の言動等を踏まえて精神鑑定の必要があることを具体的に論じる必要があるが、それに加えて、起訴前鑑定の問題点を具体的に指摘し、鑑定受託者とは別の医師を鑑定人とするよう裁判所に申し入れるべきである（弁護側から鑑定人候補者を推薦することもあるが、中立的な立場にある裁判所としては、裁判所内の鑑定人候補者リストから選任することが多いと思われる）。

また、裁判所が命ずる精神鑑定では、結果の予測可能性が乏しいことから、場合によっては、弁護人が精神科医に対し、私的に精神鑑定を依頼し、当該精神科医を証人申請することも考えられる（私的鑑定の場合は、医師と被告人の面談時間を十分に確保するために、拘置所に対し、事前に特別面会の申入れをするなどの配慮が必要である）。ただ、実際のところ、被告人やその家族の経済的事情から、私的鑑定を行うことが著しく困難な場合が多いと思われる。その場合には、刑事弁護援助金制度（大阪弁護士会特別会計規則8条2項）の活用も検討すべきである。

　精神鑑定が採用された場合は、鑑定人に提供する鑑定資料の範囲についても、事前に検察官と協議のうえ、誤った情報等が鑑定人に伝わらないようにも留意する必要がある。

　内容に争いのある鑑定資料については鑑定人に注意喚起を行うべきであり、たとえば、被害者供述と被告人供述に食い違いが生じている場合には、被告人本人との面談時に十分に確認してもらったうえ、その食い違いが結論に影響を与えるような場合には、場合分けをして意見を述べてもらうようにするなどが考えられる。

　ただし、鑑定人を交えた事前カンファレンスにおいて、被害者供述の弾劾ポイントを伝えることには慎重であるべきである。事案によっては、本番まで弾劾ポイントを鑑定人には明らかにせず、被害者証言を崩した後の鑑定人尋問の中で、前提事実の誤認を突くということも考えられる。

⑶　鑑定人とのカンファレンス

　鑑定人が選任されると、当事者と鑑定人のカンファレンスが実施されるのが通常である。鑑定人が選任されて間もない段階では、カンファレンスが行われないこともあるが、鑑定人によっては、鑑定書（鑑定人の証言要旨になり、これがないと鑑定人への尋問が困難となる）を作成せずにパワーポイントだけを作成することもありうるので、カンファレンスの開催を積極的に提案し、鑑定人に対し、鑑定書を作成したうえでパワーポイントを作成してもらうよう伝えることも重要である。

　裁判官は、立場上、中身に立ち入った議論には参加できないなどの事情から席を外すことが多いが、「7つの着眼点」の誤用等、鑑定書の中身に問題が

ある場合には、裁判官にも入ってもらい、検察官、鑑定人に対し、「7つの着眼点」への言及を避けるなどの申入れを行うべきである。

　また、鑑定書が作成された後に実施されるカンファレンスでは、事前に鑑定書を精読したうえで、精神障害が犯行に与えた影響（機序）について十分に理解できるよう質疑を行うべきである。

　さらに、尋問のあり方についても協議しておく必要がある。

　鑑定人によっては、パワーポイントを駆使しながら、わかりやすく説明することに長けた鑑定人もいれば、こうしたプレゼンテーションに不慣れな鑑定人もいると思われる。そのため、場合によっては問答形式による方が事実認定者にとってはわかりやすいものとなることもある。

　複数の鑑定人に対する尋問を実施する場合には、一方の鑑定人（A）が証言しているときに、他方の鑑定人（B）に傍聴してもらい、A→B→A→Bという順に対質尋問を実施することが適当と考えられる場合もある。

　このように、事前カンファレンスにおいては、尋問形式についても十分に検討しておくべきである。

（岸）

VII 医療観察法と付添人活動

1 はじめに

　医療観察制度は刑事司法、医療、人権の交錯する領域である。そのいずれに重点を置いて理解するかで、個々の運用や関わり方が異なってくる。

　本章では、以上のような基本的視点を踏まえて、まず、2で医療観察法の制定経過と立法目的を述べる。

　また、医療観察制度の本質を知るにはその定める入院・通院制度の内容をあらかじめ知っておく必要があるため、審判制度の説明に先立って、3で医療観察法による入院・通院と精神保健福祉法による一般的な精神科医療とを比較し、医療観察制度における入院・通院の内容と問題点を述べる。

　以上を受けて、4で医療観察制度の概要を述べる。

　5で医療観察制度における審判の対象を述べる。

　6で審判による処遇の内容を述べる。

　7で医療観察法による医療と精神保健福祉法による医療との関係を述べる。

　8で医療観察審判の構造を述べる。

　9で入通院の申立てから当初審判までの手続の流れを述べる。

　10で決定に対する不服申立てについて述べる。

　11ですでに入院している場合の不服申立てについて述べる。

　以上を踏まえて、12で弁護士が付添人として医療観察制度に係わる場合の活動内容について述べる。

2 医療観察法の制定経過と立法目的

(1) 医療観察法の制定経過

　医療観察法（正式名称「心神喪失等の状態で重大な他害行為を行った者の医療及び観察等に関する法律」。以下、本章では、条文を引用する場合には単

に「法」という）は、2003（平成15）年7月10日に成立、同月16日に交付され、2005（平成17）年7月15日から施行された。

　同法は2001（平成13）年6月に発生した池田小学校事件（精神科治療歴のある犯人が小学校に侵入して児童多数を無差別殺傷した事件）をきっかけとして、触法精神障害者に対する治安立法を求める声が高まり、国会に法案が上程されることになったものである。

　これに対して、この法案はかつて刑法改正が議論されたときに提案されたが反対の声が大きくて立法化が断念された保安処分の再来である、対象者の再犯のおそれを科学的に判定することは不可能である、精神障害者による犯罪予防のためにはわが国の貧困な精神科医療の改善充実こそが求められる施策である等の反対論が唱えられた。

　このため、当初政府提出案では、処遇要件として、「心神喪失又は心神耗弱の状態の原因となった精神障害のために再び対象行為を行うおそれがあると認める場合」と規定されていたのが、「対象行為を行った際の精神障害を改善し、これに伴って同様の行為を行うことなく、社会に復帰することを促進するため、この法律による医療を受けさせる必要があると認める場合」（法42条1項）と、医療実施による症状改善と社会復帰を前面に出した体裁に改めることで、可決成立するに至った。

(2)　医療観察法の立法目的

　医療観察法は、心神喪失等の状態で重大な他害行為を行った者に対し、その適切な処遇を決定するための手続等を定めることにより、継続的かつ適切な医療ならびにその確保のために必要な観察および指導を行うことによって、その病状の改善およびこれに伴う同様の行為の再発の防止を図り、もってその社会復帰を促進することを目的とする（法1条1項）。

　この法律による処遇に携わる者は、前項に規定する目的を踏まえ、心神喪失等の状態で重大な他害行為を行った者が円滑に社会復帰をすることができるように努めなければならない（法1条2項）。

　このように、医療観察法は、立法過程での保安処分化を懸念する声に配慮して、その立法目的として、医療による病状改善、対象者の社会復帰を促進することを前面に押し出している。したがって、この面から見れば、医療観

察法は対象者の症状の改善と社会復帰を目指す医療法として位置づけられる（有斐閣の六法全書は、医療観察法を医療法の項目に置いている）。

しかし、同時に、法1条が「同様の行為の再発の防止を図り」とし、法42条が「同様の行為を行うことなく」としているところから、医療観察法は、なお「再犯の予防」を目的とする保安処分的側面を有していることを否定できない（三省堂の模範六法は、医療観察法を刑法の項目に置いている）。

このため、本法の解釈運用にあたっては、医療法的側面を重視して早期の社会復帰を目指すのか、再犯防止を重視して同様の行為を行うおそれが消滅していることに重点を置くのかという対立緊張関係が避けられない（医療観察法の性質をめぐる医療保護説と保安処分説の対立）。

⑶　医療観察法に対する批判

かつての刑法改正論議で提案された保安処分は、精神障害者が犯した犯罪が心神喪失等で処罰できない場合に、その代替措置として、将来の再犯のおそれを防止することを目的とした処分を課するものであるが、反対論は、精神障害者の再犯の確率は実際には健常者よりも低い、そもそも将来の再犯の可能性は科学的にみて検証不可能であり、仮に非科学的な憶測のもとに再犯のおそれありとするならば、それは、実際には再犯のおそれがない者（偽陽性者）を過剰収容するという人権侵害を招くことになる、再犯のおそれのある者は健常者にも存在するのに（常習的犯罪者）、精神障害者だけを再犯のおそれありという「危険性」の存在のゆえをもって処分の対象とするのは精神障害者に対するいわれなき差別である、などと主張した。

こうしたかつての保安処分反対論で述べられた議論は、医療観察法制定の過程でも繰り返され、その結果、医療観察法の目的、処遇要件を定めた規定の文言が改められて、医療法、社会復帰法の色彩を帯びるに至ったものである。

なお、かつての刑法改正論議のときには廃案に至ったのに、今回の医療観察法では制定に至ったのは、その背後に、人権重視から治安重視へという時代思潮の変化をみてとることができよう。

かつて、精神障害者は社会的に危険な存在とみなされ、精神科病院への医療なき隔離収容を旨とする政策が長年にわたり継続された。その結果、精神

科病院は密室と化し、宇都宮病院事件や大和川病院事件をはじめとする悲惨な人権侵害を惹起した。今日においても、日本の精神科病院への入院者数は約30万人と、諸外国に比して突出した数に達している。こうした現状に対して批判が集まり、遅まきながらも、精神科医療は閉鎖処遇から開放処遇へ、入院医療から地域医療へと転換を迫られてきた。

　こうした精神科医療の一般的趨勢に対して、医療観察法による処遇は、一定の対象行為を行ったという要件のもとではあれ、当該対象者を再犯のおそれある危険な存在とみなし、長期かつ閉鎖処遇の強制医療に付するという点で、かつての隔離収容時代の精神医療と同様の思想のもとに設計されたものといわざるをえず、開放処遇、地域医療に向かう精神科医療の一般的趨勢に対する逆流を形成している。医療観察法に対する批判が絶えない理由はこの点にある。

3　医療観察制度における入院・通院

　以上のように、医療観察法は制定時から賛否両論の声を引き起こしたが、この医療観察法に対する評価如何は、医療観察法による医療―入院・通院がどのように制度設計され、運用されているかにかかっている。そこで、以下では、審判制度の説明に先立って、医療観察法による入院・通院の具体的な内容を説明する。

⑴　医療観察法による入院
ア　退院許可の要件——精神保健福祉法上の措置入院との比較
　精神保健福祉法は自傷他害行為のおそれがある精神障害者に対する強制入院として措置入院の制度を設けており、医療観察法制定後も、精神障害者が医療観察法の規定している殺人、放火等の重大な犯罪行為（対象行為）以外の触法行為を犯した場合は、措置入院制度による入院が行われている（精神保健福祉法29条）。

　措置入院により入院した者が、入院を継続しなくてもその精神障害のために自身を傷つけまたは他人に害を及ぼすおそれがないと認められるに至ったときは、直ちに、措置を解除しなければならない（精神保健福祉法29条の

4）。

　ここで、「入院を継続しなくてもその精神障害のために自身を傷つけ又は他人に害を及ぼすおそれがないと認められるに至ったとき」とは、たとえば、急性期の幻覚妄想状態で自傷他害行為に及んだが、入院治療を経て急性症状が消失し、病識を備えるに至った場合のように、措置開始時の症状が消失した場合に、措置解除すべきものと解されている（精神保健福祉研究会監修『三訂精神保健福祉法詳解』〔中央法規出版、2007年〕279頁）。したがって、精神保健福祉法上の措置入院においては、引き続き治療のために医療保護入院や任意入院が継続されることは別論として、退院後に症状が再燃するかもしれないから再犯のおそれありというような抽象的な危険性を理由として漫然と措置入院を継続することは許されない。

　これに対して、医療観察法による入院処遇を受けた者については、法37条2項に規定する事項（精神障害の類型、過去の病歴、現在および対象行為を行った当時の病状、治療状況、病状および治療状況から予測される将来の症状、対象行為の内容、過去の他害行為の有無および内容、対象者の性格）を考慮し、対象行為を行った際の精神障害を改善し、これに伴って同様の行為を行うことなく、社会に復帰することを促進するために入院を継続させてこの法律による医療を行う必要があると認めることができなくなった場合に、指定入院機関の管理者は、保護観察所の長の意見を付して、地方裁判所に退院の許可を申し立て、裁判所は、指定入院機関の管理者の意見を基礎とし、対象者の生活環境を考慮して、退院の許可を認めることになっている（法49条、51条）。

　この医療観察法の場合の退院許可要件は、措置入院の場合の退院に比して、明らかに要件・手続が加重されたものとなっている。

イ　医療観察法による入院医療の概要

(ｱ)　入院期間等

　対象行為を行った際の精神障害を改善し、これに伴って同様の行為を行うことなく、社会に復帰することを促進するため、入院させて医療観察法による医療を受けさせる必要があると認める場合、裁判所は医療を受けさせるために入院をさせる旨の決定をする（法42条1項1号）。

　入院決定を受けた対象者は、医療観察法に基づく医療を施すための特別の

病棟（医療観察法病棟）を設置している病院に入院することになる。この病院を指定入院医療機関という（法16条1項）。

対象者は指定入院医療機関において、入院による医療を受ける義務を負う（法43条1項）。

指定医療機関の長は、入院の継続が必要であると判断した場合は、6カ月ごとに、保護観察所の長の意見を付して、地方裁判所に対し、入院継続の確認の申立てをしなければならない（法49条2項）。入院継続の審理は、病院から提出された入院継続申立書、入院継続情報管理シート（治療の経過、入院を継続する必要がある理由、今後の目標と治療方針などが記載されている）などをもとに、裁判官と精神保健審判員との合議で決められる。審判期日が開かれることは稀である。

これに対して、指定入院医療機関の管理者は、入院を継続させる必要があると認めることができなくなった場合は、保護観察所の長の意見を付して、地方裁判所に対し、退院の許可の申立てをしなければならない（法49条1項）。

入院継続の確認の申立てまたは退院の許可の申立てを受けた裁判所は、指定入院機関の管理者の意見を基礎とし、かつ、対象者の生活環境を考慮して、入院を継続すべきと判断した場合はその旨の、退院を許可しかつ医療観察法による通院医療を受けさせるべきと判断した場合はその旨の、医療観察法による医療を終了すべきと判断した場合はその旨の、決定を行う（法51条1項）。

入院の継続がなされる場合、6カ月ごとの入院継続の確認の申立てがなされるだけで、入院期間の上限は定められていない。したがって、制度上は、対象行為の法定刑の長短とかかわりなく、無期限の入院もありうるということになる。

(イ)　指定入院医療機関と医療観察法病棟

2019（平成31）年4月1日現在で、指定入院医療機関の整備状況は33病院（国立15、都道府県立18）、833床となっている（厚生労働省のウェブサイト「指定入院医療機関の整備状況」）。しかし、未だに指定入院医療機関が設置されていない都道府県が少なからずある。このため、対象者が生活していた地域から引き離されて遠方の指定入院医療機関に入院させられることになり、

将来の社会復帰に支障を来しやすいという問題は未だ解消しているとは言いがたい。

　対象者は一般病棟とは区別された医療観察法病棟に収容される。ダブルロック、二重フェンスなどで、訪問者には金属探知機を通ることを求め、窓の外にはバリアーを張るなど、厳重な閉鎖処遇が行われている。こうした医療観察法に基づく閉鎖処遇は、患者の任意入院による開放処遇へという一般精神科医療の趨勢と逆行するものである。

　標準的な医療観察法病棟は、病棟内を急性期、回復期、社会復帰期に区分したユニットに分け、病室はすべて個室であり、ほかに、食堂、デイルーム、屋内スポーツ場なども設置されている。また、各種セラピールームや作業療法室、ケア会議室等を備えている。

　医師・看護師等のスタッフは一般精神科病棟の約2〜2.5倍の数を確保している。1人の対象者に対して医師、看護師、作業療法士、臨床心理技術者、精神保健福祉士の5職種、あるいは薬剤師を入れた6職種による多職種チーム（MDT）を編成して入院から退院までを一貫して担当し、「多職種チーム会議」によって決められた方針に従って、各種の治療プログラムが施される。総じて、一般の精神科病棟（医師や看護師の数が他の一般病院に比して少数で足るという精神科特例が認められている）に比べると、医療体制は充実している。「手厚い医療」がなされているといわれる所以である。

(ウ)　入院者に対する処遇

　指定入院医療機関の管理者は、入院している者につき、その医療または保護に欠くことができない限度において、その行動について必要な制限を行うことができる（法92条1項）。

　これに対して、指定入院機関の管理者は、厚生労働大臣があらかじめ社会保障審議会の意見を聴いて定める行動の制限については行うことができない（法92条2項）。

　法92条2項に基づき行動制限ができない具体的行為は以下のとおりである（平成17年7月14日厚生労働省告示336号）。

　　一　信書の発受の制限（刃物、薬物等の異物が同封されていると判断される受信信書について、心神喪失等の状態で重大な他害行為を行った

者の医療及び観察等に関する法律第42条第1項第1号又は第61条第1項第1号の決定により指定入院医療機関に入院している者(以下「入院対象者」という。)によりこれを開封させ、異物を取り出した上入院対象者に当該受信信書を渡すことは、含まれない。)

二　裁判所及び地方厚生局の職員、法務局、地方法務局その他の人権擁護に関する行政機関の職員並びに入院対象者の代理人又は付添人である弁護士との電話の制限

三　裁判所及び地方厚生局の職員、法務局、地方法務局その他の人権擁護に関する行政機関の職員並びに入院対象者の代理人又は付添人である弁護士及び入院対象者又は保護者の依頼により入院対象者の代理人又は付添人となろうとする弁護士との面会の制限

　また、行動の制限のうち、厚生労働大臣があらかじめ社会保障審議会の意見を聴いて定める行動の制限は、当該指定医療機関に勤務する精神保健指定医が必要と認める場合でなければ行うことができない(法92条3項)。

　法92条3項に基づき指定医が必要と認める場合でなければ行うことができない具体的な行動の制限は以下のとおりである(平成17年7月14日厚生労働省告示337号)。

一　心神喪失等の状態で重大な他害行為を行った者の医療及び観察等に関する法律第42条第1項第1号又は第61条第1項第1号の決定により指定入院医療機関に入院している者(以下「入院対象者」という。)の隔離(内側から入院対象者本人の意思によっては出ることができない部屋の中へ一人だけ入室させることにより当該入院対象者を他の患者から遮断する行動の制限をいい、12時間を超えるものに限る。)

二　身体的拘束(衣類又は綿入り帯等を使用して、一時的に当該入院対象者の身体を拘束し、その運動を抑制する行動の制限をいう。)

　以上のほか、厚生労働大臣は、指定入院医療機関に入院している者の処遇について、社会保障審議会の意見を聴いたうえで、必要な基準を定めることができる(法93条1項・3項)。指定入院機関の管理者はこの基準を遵守しな

ければならない(法93条2項)。

　法93条1項に基づき厚生労働大臣が定める基準の具体的内容は以下のとおりである(平成17年7月14日厚生労働省告示338号)。

第一　基本理念

　　心神喪失等の状態で重大な他害行為を行った者の医療及び観察等に関する法律第42条第1項第1号又は第61条第1項第1号の決定により指定入院医療機関に入院している者(以下「入院対象者」という。)の処遇は、入院対象者の個人としての尊厳を尊重し、その人権に配慮しつつ、適切な精神医療の確保及び社会復帰の促進に資するものでなければならないものとする。また、処遇に当たって、入院対象者の自由の制限が必要とされる場合においても、その旨を入院対象者にできる限り説明して制限を行うよう努めるとともに、その制限は入院対象者の症状に応じて最も制限の少ない方法により行われなければならないものとする。

第二　通信・面会について

　一　基本的な考え方

　　㈠　入院対象者の院外にある者との通信及び来院者との面会(以下「通信・面会」という。)は、入院対象者と家族、地域社会等との接触を保ち、医療上も重要な意義を有するとともに、入院対象者の人権の観点からも重要な意義を有するものであり、原則として自由に行われることが必要である。

　　㈡　通信・面会は基本的に自由であることを、文書又は口頭により、入院対象者及び保護者に伝えることが必要である。

　　㈢　電話及び面会に関しては入院対象者の医療又は保護に欠くことのできない限度での制限が行われる場合があるが、これは、病状の悪化を招き、あるいは治療効果を妨げる等、医療又は保護の上で合理的な理由がある場合であって、かつ、合理的な方法及び範囲における制限に限られるものであり、個々の入院対象者の医療又は保護の上での必要性を慎重に判断して決定すべきものである。

　二　信書に関する事項

　　㈠　入院対象者の病状から判断して、家族等からの信書が入院対象者

の治療効果を妨げることが考えられる場合には、あらかじめ家族等と十分連絡を保って信書を差し控えさせ、あるいは主治医あてに発信させ入院対象者の病状をみて当該主治医から入院対象者に連絡させる等の方法に努めるものとする。

(二) 刃物、薬物等の異物が同封されていると判断される受信信書について、入院対象者によりこれを開封させ、異物を取り出した上、入院対象者に当該受信信書を渡した場合においては、当該措置を採った旨を診療録に記載するものとする。

三 電話に関する事項

(一) 制限を行った場合は、その理由を診療録に記載し、かつ、適切な時点において制限をした旨及びその理由を入院対象者及び保護者に知らせるものとする。

(二) 電話機は、入院対象者が自由に利用できるような場所に設置される必要があるものとする。また、地方裁判所、地方厚生局担当部局及び法務局又は地方法務局の人権擁護主管部局等の電話番号を、見やすいところに掲げる等の措置を講ずるものとする。

四 面会に関する事項

(一) 制限を行った場合は、その理由を診療録に記載し、かつ、適切な時点において制限をした旨及びその理由を入院対象者及び保護者に知らせるものとする。

(二) 入院後は入院対象者の病状に応じできる限り早期に入院対象者に面会の機会を与えるべきであり、入院直後一定期間一律に面会を禁止する措置は採らないものとする。

(三) 面会する場合、入院対象者が立会いなく面会できるようにするものとする。ただし、入院対象者若しくは面会者の希望のある場合又は医療若しくは保護のため特に必要がある場合には病院の職員が立ち会うことができるものとする。

第三 入院対象者の隔離について

一 基本的な考え方

(一) 入院対象者の隔離は、入院対象者の症状からみて、入院対象者本人又は周囲の者に危険が及ぶ可能性が著しく高く、隔離以外の方法

ではその危険を回避することが著しく困難であると判断される場合に、その危険を最小限に減らし、入院対象者本人の医療又は保護を図ることを目的として行われるものとする。

㈡　隔離は、入院対象者の症状からみて、その医療又は保護を図る上でやむを得ずなされるものであって、制裁や懲罰あるいは見せしめのために行われるようなことは厳にあってはならないものとする。

㈢　12時間を超えない隔離については精神保健指定医の判断を要するものではないが、この場合にあってもその要否の判断は医師によって行われなければならないものとする。

㈣　なお、入院対象者本人の意思により閉鎖的環境の部屋に入室させることもあり得るが、この場合には隔離には当たらないものとする。この場合においては、入院対象者本人の意思による入室である旨の書面を得なければならないものとする。

二　隔離の対象となる入院対象者に関する事項

隔離の対象となる入院対象者は、主として次のような場合に該当すると認められる入院対象者であり、隔離以外によい代替方法がない場合において行われるものとする。

ア　他の患者との人間関係を著しく損なうおそれがある等、その言動が入院対象者の病状の経過や予後に著しく悪く影響する場合

イ　自殺企図又は自傷行為が切迫している場合

ウ　他の患者に対する暴力行為や著しい迷惑行為、器物破損行為が認められ、他の方法ではこれを防ぎきれない場合

エ　急性精神運動興奮等のため、不穏、多動、爆発性などが目立ち、他の方法では医療又は保護を図ることが著しく困難な場合

オ　身体的合併症を有する入院対象者について、検査及び処置等のため、隔離が必要な場合

三　遵守事項

㈠　他の患者の隔離を行っている閉鎖的環境の部屋に入院対象者を入室させることはあってはならないものとする。また、既に入院対象者が入室している部屋に隔離のため他の患者を入室させることはあってはならないものとする。

㈡　隔離を行うに当たっては、当該入院対象者に対して隔離を行う理由を知らせるよう努めるとともに、隔離を行った旨及びその理由並びに隔離を開始した日時及び解除した日時を診療録に記載するものとする。

㈢　隔離を行っている間においては、定期的な会話等による注意深い臨床的観察と適切な医療及び保護が確保されなければならないものとする。

㈣　隔離を行っている間においては、洗面、入浴、掃除等入院対象者及び部屋の衛生の確保に配慮するものとする。

㈤　隔離が漫然と行われることがないように、医師は原則として少なくとも毎日一回診察を行うものとする。

第四　身体的拘束について

一　基本的な考え方

㈠　身体的拘束は、制限の程度が強く、また、二次的な身体的障害を生ぜしめる可能性もあるため、代替方法が見出されるまでの間のやむを得ない処置として行われる行動の制限であり、できる限り早期に他の方法に切り替えるよう努めなければならないものとする。

㈡　身体的拘束は、入院対象者本人の生命を保護すること及び重大な身体損傷を防ぐことに重点を置いた行動の制限であり、制裁や懲罰あるいは見せしめのために行われるようなことは厳にあってはならないものとする。

㈢　身体的拘束を行う場合は、身体的拘束を行う目的のために特別に配慮して作られた衣類又は綿入り帯等を使用するものとし、手錠等の刑具類や他の目的に使用される紐、縄その他の物は使用してはならないものとする。

二　身体的拘束の対象となる入院対象者に関する事項

身体的拘束の対象となる入院対象者は、主として次のような場合に該当すると認められる入院対象者であり、身体的拘束以外によい代替方法がない場合において行われるものとする。

ア　自殺企図又は自傷行為が著しく切迫している場合

イ　多動又は不穏が顕著である場合

ウ　ア又はイのほか精神障害のために、そのまま放置すれば入院対象
　　　者本人の生命にまで危険が及ぶおそれがある場合
　三　遵守事項
　　㈠　身体的拘束に当たっては、当該入院対象者に対して身体的拘束を
　　　行う理由を知らせるよう努めるとともに、身体的拘束を行った旨及
　　　びその理由並びに身体的拘束を開始した日時及び解除した日時を診
　　　療録に記載するものとする。
　　㈡　身体的拘束を行っている間においては、原則として常時の臨床的
　　　観察を行い、適切な医療及び保護を確保しなければならないものと
　　　する。
　　㈢　身体的拘束が漫然と行われることがないように、医師は頻回に診
　　　察を行うものとする。

㈣　退院に向けての取組み
　退院に向けては、入院当初より、退院後の居住予定地の保護観察所の社会
復帰調整官と協力態勢を整え、退院調整、社会復帰援助のため、CPA会議（対
象者、病院関係者、地域関係者が退院支援、地域調整を行うためのケア会議）
を定期的に開催し、入院時から退院を見通した医療を目指している。
　厚生労働省の標準的モデルでは、概ね18カ月での退院を目指して、急性期
３カ月、回復期９カ月、社会復帰期６カ月を標準期間としている。
　急性期には、対象者との関係構築や治療への動機づけを高めてゆくことを
目標とする。
　回復期には、個別面接や内省の集団プログラムへの参加を通して、対象者
が対象行為の振り返りを行い、被害者への共感性を育むなど内省を深めてゆ
くことを支援するものとされている。また、疾患についての理解とともに衝
動性や怒りのマネジメント、コミュニケーションなど個々の課題に取り組
み、自己コントロールを身につけ、生きやすさを獲得できるように支援する。
　社会復帰期には、退院後の生活や支援体制の確立を目指し、CPA会議を頻
繁に実施し、対象者自身も社会復帰プログラムに参加したり、外泊をしたり
して、退院に向けて準備してゆく。
　この標準的モデルによる18カ月という入院期間は、一般の精神科病院にお

ける３カ月ないし６カ月という通常の入院期間に比して長期間になっている。しかも、18カ月後の退院というのはあくまでも標準モデルであり、それより長期の入院も少なくない。近時、入院期間の長期化が指摘されるようになっている。

　このような入院機関の長期化は、厳重な閉鎖処遇と相俟って、医療観察法による入院を、対象者にとって拘束度の高い制度にしている。

　また、入院期間中のとくに回復期において、対象者に病識をもたせ、加害行為に向き合わせて内省を深めることを目指すプログラムが施されることがあるようだが、こうした内省プログラムが対象者の心に過重な負担を負わせることにはならないか、疑問なしとしない。この内省プログラムは、対象者の規範意識の欠如が対象行為を生んだという想定のもとに構成されているように思われるが、精神発達の未熟な少年や反社会性人格障害者（原則として医療観察法の対象者にはならない）ならばともかく、たとえば統合失調症の人の場合は「人を殺してはならない」といった一般的な規範意識は保たれており、ただ、妄想に基づく認知の障害によって対象行為に及ぶような場合がむしろ多数である。このような対象者に対して、「貴方のしたことは妄想に基づくものであり、被害者は何の落ち度もないのに貴方の妄想の犠牲になったのだ」という現実を突きつけることは、対象者の心にどのような影響を及ぼすだろうか。また、強制的医療の枠組みのもとで、このような対象者の心への介入を行うことは、行為時に心神喪失だった者に責任は問えないとする責任主義との関係で問題を生じないだろうか。

(2)　医療観察法による通院

ア　対象行為を行った際の精神状態を改善し、これに伴って同様の行為を行うことなく、社会に復帰することを促進するため、医療観察法による、入院によらない医療を受けさせる必要があると認める場合、裁判所は入院によらない医療を受けさせる旨の決定（通院決定）をする（法42条１項２号）。

　また、医療観察法による入院を継続する必要はなくなったが引き続き医療観察法による医療を受けさせる必要があると認めた対象者については、裁判所は、指定入院機関の管理者の申立てにより、退院を許可するとともに、入院によらない医療を受けさせる旨の決定をする（法51条１項２号）。この場

合にも、対象者は医療観察法による通院医療を受けることになる。

　通院決定を受けた対象者は、社会復帰調整官が中心となって作成する「処遇実施計画」に基づき、厚生労働大臣が指定した指定通院医療機関に通院して医療を受けることになる（法16条2項）。

　この「処遇実施計画」は、社会復帰調整官が、指定通院医療機関、精神保健福祉関係諸機関などと協議して対象者一人ひとりについて作成するもので、その病状や生活環境に応じて、必要となる医療、援助の内容等が記載される。

イ　対象者は指定通院医療機関に通院して、医療を受ける義務を負う－強制通院（法43条2項）。

　また、通院決定を受けた対象者は、通院期間中、精神保健観察に付される（法106条1項）。この精神保健観察は、対象者の継続的な通院医療を確保するために必要な観察・指導等を行うものである。

　対象者が通院義務に違反して通院せず、そのため継続的な医療を行うことが確保できないと認める場合には、保護観察所の長は指定通院機関の管理者と協議のうえ、同管理者の意見を付して地方裁判所に再入院の申立てをする（法59条2項）。

　また、対象者が、定住居での居住、保護観察所長への住居移転届出、長期旅行届出、保護観察所への出頭・面接の義務に違反した場合（法107条）、そのため継続的な医療を行うことが確保できないと認める場合（法59条2項）、さらには、以上のような義務違反行為がなくても、対象行為を行った際の精神障害を改善し、これに伴って同様の行為を行うことなく、社会に復帰することを促進するために医療観察法による入院をさせて医療を受けさせる必要があると認めるに至った場合（法59条1項）も、再入院の申立てをすることになる。

ウ　このように、医療観察法上、対象者は精神保健観察に付され、通院が強制され、再入院の制度によってその実効性が担保されていることが、精神保健福祉法上の一般の通院との大きな違いである。こうした強制入院制度について、精神科医療における強制性（強制入院・強制通院）を減少させ、能う限り一般医療に近づけようと努めている側からは脱強制化の流れに逆行するものと批判が出されるところである。

エ　通院期間は決定のあった日から起算して3年である。ただし、裁判所

は、通じて2年を超えない範囲で、期間を延長することができる（法44条）。

　指定通院医療機関も対象者の居住地から遠隔にあることもあり、交通費、交通手段の確保等で問題を生じている。

4　医療観察制度

⑴　医療観察法の対象行為および対象者

ア　医療観察法の対象行為

　医療観察法の対象行為は以下のとおりである（法2条1項）。

① 現住建造物等放火（刑法108条）・同未遂（刑法112条）

② 非現住建造物等放火（刑法109条）・同未遂（自己所有に係るものを除く。刑法112条）

③ 建造物等以外放火（刑法110条）

④ 強制わいせつ（刑法176条）・同未遂（刑法180条）

⑤ 強制性交等（刑法177条）・同未遂（刑法180条）

⑥ 準強制わいせつおよび準強制性交等（刑法178条）・同未遂（刑法180条）

⑦ 監護者わいせつおよび監護者性交等（刑法179条）・同未遂（刑法180条）

⑧ 殺人（刑法199条）・同未遂（刑法203条）

⑨ 自殺関与および同意殺人（刑法202条）・同未遂（刑法203条）

⑩ 傷害（刑法204条）。ただし、検察官は、傷害が軽微で、当該行為の内容、当該対象者による過去の他害行為の有無および内容ならびに当該対象者の現在の病状、性格および生活環境を考慮し、その必要がないと認めるときは、申立てをしないことができる。ただし、他の対象行為をも行った者については、この限りでない。

⑪ 強盗（刑法236条）・同未遂（刑法243条）

⑫ 事後強盗（刑法238条）・同未遂（刑法243条）

　傷害致死（刑法205条）、強盗致死傷（刑法240条）、強制わいせつ等致死傷（刑法181条）などの結果的加重犯が法2条1項の規定に掲げられていないが、これらの結果的加重犯の中には傷害、強盗などの対象行為が含まれているため、解釈上、結果的加重犯の場合も対象行為に含まれているとされている（法曹会編『心神喪失等の状態で重大な他害行為を行った者の医療及び観

察等に関する法律」及び「心神喪失等の状態で重大な他害行為を行った者の医療及び観察等に関する法律による審判の手続等に関する規則」の解説』〔以下、「医療観察法等解説」と略記〕22頁）。

イ　医療観察法の対象者

医療観察法の対象者は以下のとおりである（法2条2項）。

①　検察官が公訴を提起しない処分をした場合において、対象行為を行い、かつ、心神喪失または心神耗弱であると認められた者

②　公訴を提起され、対象行為について、心神喪失により無罪の確定裁判を受けた者

③　公訴を提起され、対象行為について、心神耗弱により刑を減軽する旨の確定裁判を受けた者（ただし、懲役または禁錮の刑を言い渡し、その刑の全部の執行猶予の言渡しをしない裁判であって、未決算入をしてもなお執行すべき刑期があるものを除く）

⑵　医療観察法の関係者

ア　裁判官と精神保健審判員

医療観察法の裁判体（合議体）は、裁判官1名と精神科医である精神保健審判員1名の合議体である（法11条1項）。

厚生労働大臣は、毎年、医療観察制度に必要な学識経験を有する精神科医師の中から精神保健判定医の名簿を作成して最高裁判所に送付し、最高裁判所は各地方裁判所にその名簿の内容を通知する。地方裁判所はこの名簿の中から、毎年、あらかじめ精神保健審判員に任命されるべき者を選任しておき、その中から事件ごとに精神保健審判員を任命する（法6条）。

合議体による裁判は、裁判官と精神保健審判員の意見の一致したところによる（法11条1項）。

したがって、たとえば、2人のうちの1人は通院処遇相当、他の1人は入院処遇が相当という場合は、医療観察法による処遇をするという限りで意見が一致しているので、通院処遇という結論になる。

ただし、対象行為を行ったと認められず申立てを却下する決定、心神喪失者および心神耗弱者のいずれでもないと認めて申立てを却下する決定は、裁判官のみで行う（法11条2項、40条1項）。

イ　精神保健参与員

　厚生労働大臣は、毎年、精神保健福祉士その他の精神障害者の保健および福祉に関する専門的知識・技術を有する者の名簿を作成して各地方裁判所に送付し、地方裁判所は、この名簿に記載されている者の中からあらかじめ精神保健参与員に指定される者を選任しておき、その中から事件ごとに精神保健参与員を指定する（法15条）。

　精神保健参与員は、裁判官と精神保健審判員で構成される合議体に加わって意見を述べ、カンファレンスや審判にも出席し、合議体はその意見を参考にして審判を行う（法36条）。

ウ　鑑定人

　裁判所は、対象者に関し、①精神障害者であるか否か、および、②対象行為を行った際の精神障害を改善し、これに伴って同様の行為を行うことなく、社会に復帰することを促進するためにこの法律による医療を受けさせる必要があるか否かについて、精神保健判定医またはこれと同等以上の学識経験を有すると認める医師に鑑定を命じなければならない（法37条1項）。

エ　保護観察所と社会復帰調整官

(ア)　医療観察制度において、保護観察所は以下の事務をつかさどる（法19条）。

①　対象者の生活環境調査（法19条1号、38条）――ここに生活環境とは、居住地や家族の状況、家族の協力の意思の有無・程度、対象行為に至るまでの生活状況や治療状況など、対象者の生活を取り巻く環境をいう。

②　対象者の生活環境調整（法19条2号、101条）――裁判所による決定がなされた後、対象者が入院中に、対象者やその家族等の相談に応じ、保健または福祉に関する援助を受けることができるようあっせんする等の方法により、退院後に備えての生活環境の調整を行う。通院中の対象者については、地域社会での生活に必要な保健・福祉に関する援助を受けることができるようあっせんする等の調整活動を行う。

③　精神保健観察（法19条3号、106条）――通院中の対象者について、対象者と適当な接触を保ち、指定通院機関や都道府県・市町村から報告を求めるなどして、対象者が必要な医療を受けているか否か、および、その生活状況を見守り、継続的な医療を受けさせるために必要な指導その他の措置

を講じる。

④　関係機関相互間の連携の確保（法19条4号、108条）

(イ)　以上の保護観察所が行うべき事務に従事する者として、保護観察所に社会復帰調整官を置く（法20条）。

　　社会復帰調整官の資格要件は、①精神障害者の円滑な社会復帰に関心と熱意を有すること、②精神保健福祉士の資格を有するか、精神障害者の保健および福祉に関する高い専門的知識を有し、かつ、社会福祉士、保健師、看護師、作業療法士もしくは臨床心理士の資格を有すること、③精神保健福祉に関する業務において8年以上の実務経験を有すること、④大学卒業以上の学歴を有することである。

　　社会復帰調整官は、①裁判所の求めに応じて生活環境調査を行って、その結果を報告書として提出し、②入院中の対象者について、本人や家族と面談して退院後の居住予定地に関する希望を聴取したり、指定入院機関と協議するなどして退院に備えた生活環境調整を行い、③通院中の対象者については、その生活・治療状況を見守り、通院継続や服薬を行うよう働きかけてゆく精神保健観察を担い、④通院中の対象者が必要な医療や福祉に関する援助を受けられるよう、指定通院機関や都道府県・市町村が連携して対象者の処遇に当たるよう、関係機関相互の連携の確保に努める。

　　以上のとおり、社会復帰調整官は、医療観察制度の全過程にわたって、対象者の社会復帰に向けた活動の中枢的な役割を担っている。

オ　検察官

　　検察官は対象者の対象行為について地方裁判所に対して審判の申立てを行い（法33条1項）、審判期日やカンファレンスに出席して（法39条2項）、意見を述べ資料を提出しなければならない（法25条）。

　　また、裁判所の決定に対して抗告等をすることができる（法64条1項、70条）。

カ　対象者

　　対象者は裁判官の鑑定入院命令を受けて決定があるまで病院に入院する義務を負い（法34条1項）、その期間中に鑑定人による鑑定を受けることになる。

　　対象者は、付添人を選任し（法30条1項）、意見を述べ、資料を提出するこ

とができる（法25条2項）。

　審判期日には、対象者を呼び出し、またはその出頭を命じなければならない（法31条7項）。

キ　保護者

　対象者の①後見人または保佐人、②配偶者、③親権を行う者、④扶養義務者はこの順序で保護者となる（法23条の2）。

　保護者となる者がいないときは、対象者の居住地を管轄する市町村長が保護者となる。ただし、対象者の居住地がないとき、または対象者の居住地が明らかでないときは、対象者の現在地を管轄する市町村長が保護者となる（法23条の3）。

　保護者は付添人を選任し（法30条1項）、審判期日に出席し（法31条6項）、意見を述べ、資料を提出することができる（法25条2項）。

　従来、精神保健福祉法上の保護者と医療観察法上の保護者とは一致していたが、精神保健福祉法の改正により保護者制度が廃止された結果、保護者制度は医療観察法上の独自の制度となった。

ク　付添人

　本章12で詳述する。

5　医療観察制度における審判の対象

　医療観察制度における審判の対象は、①対象行為の存否、②対象行為時における責任能力の有無・程度、③この法律による医療を受けさせる必要（処遇要件）の有無、である。

⑴　対象行為の存否

ア　対象者が対象行為を行ったと認められない場合

　対象者が対象行為を行ったと認められない場合は、裁判所は決定で申立てを却下する（法40条1項1号）。

イ　対象行為の主観的要素についての判断

　対象者による事後強盗行為について、付添人が、対象者は幻覚妄想状態のもとで、本件各物品の所有者であり亡くなった者と霊界で会話して、本件物

品を持ち出すことについて承諾を得たと認識していたので対象者には故意が
ない、また、対象者を捕えようとした者への暴行についてもこれは対象者を
殺そうとしているやくざであると認識して急迫不正の侵害があると認識して
いたから誤想防衛に該当すると主張したのに対し、最決平20・6・18（刑集
62巻6号1812頁）は、以下のとおり判示して付添人の主張を退けた。

「医療観察法は、心神喪失等の状態で重大な他害行為を行った者に対し、継
続的かつ適切な医療を行うことによって、その病状の改善及びこれに伴う同
様の行為の再発の防止を図り、もってその社会復帰を促進することを目的と
するものである。このような医療観察法の趣旨にかんがみると、対象者の行
為が対象行為に該当するかどうかの判断は、対象者が妄想型統合失調症によ
る幻覚妄想状態の中で幻聴、妄想等に基づいて行為を行った本件のような場
合、対象者が幻聴、妄想等により認識した内容に基づいて行うべきでなく、
対象者の行為を当時の状況の下で外形的、客観的に考察し、心神喪失の状態
にない者が同じ行為を行ったとすれば、主観的要素を含め、対象行為を犯し
たと評価することができる行為であるとみとめられるかどうかの観点から行
うべきであり、これが肯定されるときは、対象者は対象行為を行ったと認定
することができると解するのが相当である。なぜなら、上記のような幻聴、
妄想等により対象者が認識した内容に基づいて対象行為の該当性を判断する
とすれば医療観察法による医療が最も必要とされる症状の重い者の行為が、
主観的要素の点で対象行為該当性を欠くこととなりかねず、医療観察法の目
的に反することとなるからである」。

(2) 対象行為時における責任能力の有無・程度

　対象者が、対象行為時において心神喪失者・心神耗弱者のいずれでもない
と認める場合は、裁判所は決定で申立てを却下する（法40条1項2号）。

　検察官が心神喪失者と認めて公訴を提起しない処分をした対象者につい
て、裁判所が心神耗弱者と認めた場合は、その旨の決定をする。この場合に
おいて、検察官は、当該決定の告知を受けた日から2週間以内に、裁判所に
対し、当該申立てを取り下げるか否かを通知しなければならない（法40条2
項）。

⑶ この法律による医療を受けさせる必要（処遇要件）の有無

ア 処遇の3要件

　対象行為が存在し、心神喪失・心神耗弱のいずれかであることを前提として、裁判所は申立てに対して、①対象行為を行った際の精神障害を改善し、②同様の行為を行うことなく社会に復帰することを促進するため、医療観察法による医療を受けさせる必要がある場合に、入院決定もしくは通院決定をなす（法42条1項）。

　実務上、①の部分から、決定時に対象行為を行った際の原因となった精神障害と同様の精神障害を有していること（疾病性の要件）、および、医療により当該精神障害を改善しうる可能性があること（治療反応性の要件）が必要であると解されている。また、②の部分から、対象者に医療観察法による医療を受けさせなければ、その社会復帰の促進を図ることができない事情が存すること（社会復帰阻害要因）が必要であると解されている。以上の疾病性、治療反応性、社会復帰阻害要因を併せて、処遇の3要件と呼び、実務はこの3要件によって処遇の要否を判断している。

イ 疾病性

　疾病性の有無が問題となった事例として、以下のものがある。

　行為時に幻覚・妄想状態に陥り対象行為を行った者が、決定時において症状が軽快し、当該幻覚妄想状態そのものが消失しているので、疾病性の要件を欠いていると付添人が主張したのに対して、裁判所は、そのような場合でも、依然として、対象者が、当該幻覚妄想の原因となった精神障害を有しており、そのような精神状態を改善するために、医療観察法による医療を行う必要があり、かつ、この医療を受けさせなければ、その精神障害のために社会復帰の妨げとなる同様の行為を行う具体的・現実的な可能性があるような場合は、このような者について、医療観察法による処遇に必要性、相当性のあることは明らかと判断した（大阪地方裁判所における「心神喪失等の状態で重大な他害行為を行った者の医療及び観察等に関する法律（以下「医療観察法」という。）施行後の事件処理状況」判例タイムズ1261号41頁以下。以下、「大阪地裁事件処理状況」と略記）。

ウ 治療反応性（治療可能性）

㋐　治療反応性の要件は、医療観察法が対象者の精神障害を改善し、社会復

帰を促進することを法の目的としていることから導かれる要件である。治療
によって改善される可能性がなければ、医療を強制する根拠がなく、無意味
な医療の強制、保安目的の医療なき拘禁による人権侵害となるからである。

　したがって、その精神障害が治癒可能性のないものであれば、医療観察法
による医療を施すことはできない（医療観察法等解説170頁）。

(イ)　「病状の改善」には病状の増悪を抑制するのみでも改善といえるかとい
うことが争われた事例で、判例は、「医療観察法42条1項1号、2号の定める
『対象行為を行った際の精神障害を改善し』という要件は、そのほかの対象者
の処遇に関する決定に共通した要件である（同法51条1項1号、2号、56条
1項1号、61条1項1号、2号）ところ、この要件にいう『改善』には、病状の
増悪を抑制することも含まれると解するのが相当である。この点について、
原決定は、『改善』には病状の増悪を抑制することは含まれないと解釈してい
るものと解される。しかし、そのような解釈に立つと、たとえば、対象者が医
療観察法42条1項1号の医療を受けさせるために入院をさせる決定を受け、
指定入院医療機関で入院治療を受けた結果、対象行為を行った際の精神障害
である統合失調症が寛解したとして、同法49条、50条の退院許可等が申し立
てられた場合には、常に同法51条1項3号の『医療を終了する旨の決定』を
するほかなく、同法51条1項2号の『退院を許可するとともに入院によらな
い医療を受けさせる旨の決定』をして段階的な社会復帰を目指した処遇をす
る余地がなくなることに帰するのであって、そのような解釈を是認すること
はできない」旨、判断した（広島高決平20・6・20高裁判決速報平成20年232
頁）。

(ウ)　治療反応性の判断要素としては、①鑑定入院中の薬物療法などによる
治療効果の発生、②当該精神障害に有効な治療手段の存在、③過去の治療状
況、④治療コンプライアンスの良好さ、などが考えられる（大阪地裁事件処
理状況51頁）。

　また、治療反応性が問題となる事例としては、知的障害、発達障害、人格障
害（パーソナリティ障害）、認知症のような、それ自体が治療によっては必ず
しも改善しうるものではない場合が考えられる。

(エ)　人格障害（パーソナリティ障害）の治療反応性について、当初審判におい
て鑑定医が「統合失調症と診断するに足る症状的根拠を得ることは困難であ

り、対象者は自己愛性人格障害と反社会性人格障害に類似した特徴を有する混合性人格障害である」と鑑定したにもかかわらず裁判所がその診断を採用せずに入院決定を行ったが、指定医療入院機関の管理者が、入院決定の４カ月後、対象者の診断は人格障害として間違いないと主張して医療観察法による医療の終了を求める退院許可の申立てをした。原審横浜地裁がこの申立てを棄却したのに対し、抗告を受けた東京高裁は、「……指定入院機関の管理者の意見は、合理的かつ妥当なものと認められる。したがって、退院の許可の申立時において、対象者は、人格障害と診断され、統合失調症及び感情障害圏の障害に罹患している可能性はなく、人格障害についての治療反応性は極めて低いことが認められ、ひいては医療観察法による医療必要性は存しないといわざるを得ない」として、原決定を取り消し、事件を横浜地裁に差し戻した（東京高決平18・8・4東高刑時報57巻1-12号35頁）。

(オ)　認知症に罹患した90歳の高齢の対象者の治療反応性について、付添人が「対象者は認知症に罹患しており、認知症は進行性の脳の気質的疾患で、それ自体の治療、回復は困難であり、治療可能性を欠く」と主張したのに対し、裁判所は、「認知症自体については治療可能性が認められなくても、その症状としての被害妄想の軽減ないし抑制を図ることができれば、医療観察法による入院決定の要件としての治療可能性は存在するといえる」と判断した（大阪地裁事件処理状況52頁）。

エ　社会復帰阻害要因

(ア)　社会復帰阻害要因とは、この法律による医療を受けさせなければ、その精神障害のために社会復帰の妨げとなる同様の行為を行う具体的・現実的な可能性があることを内容とするものである（医療観察法等解説170頁以下）。

　したがって、対象行為を行った際と同様の症状が再発する具体的・現実的な可能性があるとまではいえない場合、すなわち、単に漠然とした危険性のようなものが感じられるにすぎない場合には、本法による処遇を行うことはできない（医療観察法等解説171頁）。

　このような「同様の行為を行う具体的・現実的な可能性」があるか否かを判断するにあたっては、①当該対象者の精神障害の類型、②過去の病歴、③現在および対象行為を行った当時の病状、④治療状況、⑤病状および治療状況から予測される将来の症状、⑥対象行為の内容、⑦過去の他害行為の有無お

よび内容、⑧当該対象者の性格（法37条2項）という鑑定にあたって考慮すべきものと同様の事項に加え、⑨対象者の生活環境等（社会復帰調整官の調査によって明らかにされる）も考慮される（医療観察法等解説173頁）。

(イ)　「同様の行為を行う具体的・現実的可能性」と措置入院の「自傷他害のおそれ」の認定との相違について、福岡高決平18・1・27（判タ1255号345頁）は、法の立法趣旨からみて、上記の可能性は、精神保健福祉法による措置入院の際の入院の必要性の判断の場合よりも長い期間を念頭に置いて判断されるものと解するのが相当であり、「措置入院の際の入院の必要性の判断の場合よりも長い年単位のスパンで、本件における前記の同様の行為を行う具体的・現実的な可能性を判断したという原審鑑定人の判断が、法42条1項についての誤った解釈に基づく判断であるとはいえず、また、同鑑定人のした鑑定に基づいて、前記の同様の行為を行う具体的・現実的な可能性があると判断をしたと解される原決定に、法42条1項についての解釈・適用の誤りがあるともいえない」と判示した。

(ウ)　「同様の行為を行う具体的・現実的可能性」の判断要素としては、以下のようなものが挙げられる（大阪地裁事件処理状況48頁以下）。

①　対象行為の内容

②　対象行為の重大性——対象行為が重大なものであれば、それと類似する行為が繰り返された場合、それだけ大きく社会復帰の妨げとなることから、具体的・現実的可能性を肯定すべき事情となる。

③　対象行為に至る経緯（対象行為の原因や、対象行為と精神障害との関係を含む）——たとえば、通院治療を続けていたが、対象行為の行われる前から通院・服薬が中断して対象行為に至ったなど。

④　過去の他害行為ないし問題行動

⑤　対象行為当時の病状——対象行為当時の病状が重ければ重いほど、具体的・現実的可能性を肯定すべき事情となる。

⑥　現在の病状——現在の病状が依然として重いことは、具体的・現実的可能性を肯定すべき大きな事情となる。

⑦　病識、治療意欲、内省——病識や治療意欲がないか乏しいことは、具体的・現実的可能性を肯定すべき事情となる。

⑧　対象者が入退院を繰り返していたこと——対象者が入退院を繰り返して

いたことは、精神障害が再発しやすいことや対象者が服薬を怠りがちであることを窺わせる事情であり、ひいては、具体的・現実的可能性を肯定すべき事情となる。

⑨　精神科治療に関する通院・服薬の実績が乏しいこと

⑩　対象者の性格傾向——ストレスに対する脆弱性などが問題とされる。

⑪　生活環境およびそれと密接に関わる事項——家族による社会復帰のための支援体制が整っていないことは、具体的・現実的可能性を肯定すべき事情となる。

⑫　社会復帰調整官等の関与の必要性——居住その他の生活環境が整っていないこと等は、具体的・現実的可能性を肯定すべき事情となる。

㋑　以上のような裁判所の実務に対して、日本弁護士連合会刑事法制委員会編『Q&A心神喪失者等医療観察法解説〔第2版〕』(三省堂、2014年) 92頁は、社会復帰阻害要因を同様の行為を行う具体的・現実的な可能性があることと解するのは、立法の過程で、「再び他害行為を行うおそれ」が処遇要件からも鑑定事項からも削除されたことに照らして妥当でないとし、ここでいう社会復帰 (阻害) 要因とは、たとえば、精神障害を改善するための医療を受けさせられる条件が存在し、福祉的な支援や帰住を受け入れる家族など受け皿となる環境が整っている場合に、①疾病性や②治療反応性が認められるとしても、社会復帰要因が整っている場合は、医療観察法による医療を受けさせる必要がないと解するべきであるとする。

㋒　以上に述べたところから明らかなとおり、処遇要件、とりわけ社会復帰阻害要件の解釈において、医療観察法の性質をめぐる保安処分説と医療保護説の対立が鮮明に現れてくることに留意しなければならない。

6　処遇の内容——入院決定か通院決定か

　上記処遇3要件がいずれも認められる場合は、入院決定か通院決定のいずれかを判断することになるが、その際も、①当該対象者の精神障害の類型、②過去の病歴、③現在および対象行為を行った当時の病状、④治療状況、⑤病状および治療状況から予測される将来の症状、⑥対象行為の内容、⑦過去の他害行為の有無および内容、⑧当該対象者の性格 (法37条2項) という鑑

定にあたって考慮すべきものと同様の事項に加え、⑨対象者の生活環境等も考慮される（医療観察法等解説174頁）。

　具体的には、以下のような要素が考慮される（大阪地裁事件処理状況58頁以下）。

① 病識の有無・程度——病識がないか乏しいことは入院決定をなすべき事情となる。逆に病識があることは、通院決定をなすべき事情となる。

② 治療意欲、服薬の必要性に対する認識の有無・程度——治療意欲、服薬の必要性に対する認識がないか乏しいことは入院決定をなすべき事情となる。逆に、治療意欲、服薬の必要性に対する認識があることは、通院決定をなすべき事情となる。

③ 内省の有無・程度——内省がないか乏しいことは、入院決定をなすべき事情となる。逆に、内省が認められることは、通院決定をなすべき事情となる。なお、入院中の内省療法の問題点については前述した。

④ 従来の治療・服薬状況——従来、規則的に通院・服薬をしていなかったことは、入院決定をなすべき事情となる。逆に、比較的長期間の在宅治療で対象行為に至るまで格段の問題が生じていなかったという事情は、通院決定をなすべき事情となる。

⑤ 現在の病状——対象行為の原因となった幻覚・妄想等の精神症状が残存しているなど、現在の病状が重いことは、入院決定をなすべき事情となる。対象行為の原因となった幻覚、妄想等の精神症状が消失しているとか、精神状態が安定しているなど、現在の病状が改善された状態にあることは、通院決定をなすべき事情となる。

⑥ 対象者に必要とされる医療の内容——対象者に必要とされる医療の内容が、通院治療では困難であるなどの事情があることは、入院決定をなすべき事情となる。

⑦ 居住関係——住居が定まっていないなど、居住関係が不安定であることは、継続的な通院医療を確保することを困難ならしめるため、入院決定をなすべき事情となる。逆に住居が確保されていることは、通院決定をなすべき事情となる。

⑧ 家族等による支援体制——家族等による支援体制が整っていないことは入院決定をなすべき事情となる。逆に家族との関係や治療に対する家族の

姿勢等が良好であることは、通院決定をなすべき事情となる。

7　医療観察法による医療と精神保健福祉法による医療との関係

(1)　医療観察法による医療の必要性に関する判断と精神保健福祉法による医療との関係

　対象者について、入院もしくは通院による医療の必要性は認められるが、医療観察法に基づく医療を施すとすると、これまで受けてきた医療とのつながりが絶たれてしまう、近隣の指定入院医療機関にベッドがなくて遠隔地の病院に入院させられると地域や家族と切り離されて、かえって社会復帰の妨げになるのではないか等の考慮から、精神保健福祉法による医療が可能である場合には、医療観察法による医療ではなく、対象者により制限的でない精神保健福祉法による医療を選択すべきであり、あえて医療観察法による処遇を行う必要性はない、とする見解がある（「最高裁判所判例解説 刑事篇 平成19年度」348、354頁）。

　これに対して、最決平19・7・25は、「医療観察法の目的、その制定経緯等に照らせば、同法は、同法2条3項所定の対象者で医療の必要があるもののうち、対象行為を行った際の精神障害の改善に伴って同様の行為を行うことなく社会に復帰できるようにすることが必要な者を同法による医療の対象とする趣旨であって、同法33条1項の申立てがあった場合に、裁判所は、上記必要が認められる者については、同法42条1項1号の医療を受けさせるために入院をさせる旨の決定、又は同項2号の入院によらない医療を受けさせる旨の決定をしなければならず、上記必要を認めながら、精神保健及び精神障害者福祉に関する法律による措置入院等の医療で足りるとして医療観察法42条1項3号の同法による医療を行わない旨の決定をすることは許されない」と判示した。

　この最高裁決定は、医療観察制度の維持に傾くあまり、対象者にとって真に有効な医療を探るための選択肢を不当に狭めたものという批判を免れない。

　そのうえで、この最高裁決定の射程範囲については、医療観察法の入院の要件を充たしている者について措置入院等で足りるとして不処分の決定をす

ることは許されないという趣旨と理解し、鑑定人が措置入院ないし医療保護入院で十分であり医療観察法による医療を行う必要がないとした場合や、指定入院期間が遠隔地にあって社会復帰に困難をきたすことが見込まれる場合、指定入院期間が満床で入院できない場合には、そもそも「社会に復帰することを促進するため、入院をさせてこの法律による医療を受けさせる必要がある場合」（法42条1項1号）の要件を充たさないと主張することが考えられる。

(2) 精神保健福祉法による入院を併用する通院決定という手法

医療観察法による通院決定をなすにあたり、少なくとも当初のうちは対象者が精神保健福祉法による任意入院をすることを前提としているものがある（大阪地裁事件処理状況55頁以下）。

通院決定においてこのような手法が用いられるのは、症状自体としては通院治療で足りる状態にあるが、住居が定まらないなどの事情で、地域生活を送るにあたっての支援体制が整っていない場合に、ひとまず指定通院医療機関等に任意入院して、通院と地域生活開始のための準備段階とするものである。

なお、前掲の最決平19・7・25は、医療観察法による入院・通院の必要性が認められれば入通院決定をすべきであることを明らかにしたにとどまり、精神保健福祉法による任意入院を併用する通院決定という手法を否定するものではないと解される（「最高裁判所判例解説 刑事篇 平成19年度」357頁）。

8　医療観察審判の構造

医療観察審判は、少年審判に類似した職権主義構造である。

申立てをした検察官は、必要な資料を提出しなければならない（法25条1項）。

「必要な資料」とは、裁判所が個々の対象者について最も適切な処遇を決定するために必要と判断される資料をいう。その結果、たとえば、不起訴処分にされた対象者については、不起訴記録中の対象者、被害者、目撃者、家族等の供述調書、医師の診断書、対象者の精神状態に関する鑑定書等が提出され

る。

　証拠書類の取調べについては刑事訴訟法が準用されていない（法24条４項）結果、伝聞法則の適用がない。

　付添人には、証拠調べ請求権が認められていないが、証人尋問その他事実の取調べをするよう申し出て、裁判所の職権発動を促すことができる（心神喪失等の状態で重大な他害行為を行った者の医療及び観察等に関する法律による審判の手続等に関する規則〔本章では、単に「規則」という〕24条）。

　また、付添人は、記録の閲覧権が認められているが、謄写は裁判所の許可を受けなければならない（法32条）。しかし、裁判所によっては、裁判所から付添人に一件記録の写しが交付される運用がなされているようである。

9　入通院の申立てから審判（当初審判）まで

⑴　入通院の申立て

ア　捜査段階からの申立て

　検察官は、被疑者が対象行為を行い、かつ、心神喪失・心神耗弱者であるとして公訴を提起しない処分をしたときは、対象者について、対象行為を行った際の精神障害を改善し、これに伴って同様の行為を行うことなく、社会に復帰することを促進するために医療観察法による医療を受けさせる必要が明らかにないと認める場合を除き、地方裁判所に対して、医療観察法による入通院の申立てをしなければならない（法33条１項）。

イ　確定裁判後の申立て

　検察官は、①心神喪失により無罪、②心神耗弱により刑の全部の執行猶予、③心神耗弱により懲役・禁錮の実刑判決を受けたが、未決勾留算入の結果、刑の執行を受けることがなくなった場合、④罰金刑、の裁判が確定した場合、対象行為を行った際の精神障害を改善し、これに伴って同様の行為を行うことなく、社会に復帰することを促進するために医療観察法による医療を受けさせる必要が明らかにないと認める場合を除き、地方裁判所に対して、医療観察法による入通院の申立てをしなければならない（法33条１項）。

(2) 鑑定

ア 鑑定入院命令

　検察官による入通院の申立てを受けた地方裁判所の裁判官は、対象者について、対象行為を行った際の精神障害を改善し、これに伴って同様の行為を行うことなく、社会に復帰することを促進するために医療観察法による医療を受けさせる必要が明らかにないと認める場合を除き、鑑定その他医療的観察のため、審判による決定のあるまで、対象者を入院させる旨を命じなければならない（鑑定入院命令。法34条１項）。

　この入院期間は、命令が執行された日から２カ月を超えることができない。ただし、裁判所は、必要があると認めるときは、通じて１カ月を超えない範囲で、この期間を延長することができる（法34条３項）。

　鑑定入院命令とは別に、鑑定医に鑑定を命じる鑑定命令（法37条）が出される。したがって、鑑定医が鑑定入院先の医師ではないことや、鑑定入院先の主治医と鑑定医が異なることがありうる。

イ 鑑定事項

(ア)　法37条１項は、鑑定事項として、以下の２点を挙げる。

①　対象者が精神障害者であるか否か。

②　対象行為を行った際の精神障害を改善し、これに伴って同様の行為を行うことなく社会へ復帰することを促進するために、医療観察法による医療を受けさせる必要があるか否か（医療観察法による医療必要性）。

　鑑定を行うにあたっては、①精神障害の類型、②過去の病歴、③現在および対象行為を行った当時の病状、④治療状況、⑤病状および治療状況から予測される将来の症状、⑥対象行為の内容、⑦過去の他害行為の有無および内容、⑧対象者の性格を考慮するものとする（法37条２項）。

(イ)　実際の鑑定において裁判所が定める鑑定事項は必ずしも統一されたものではないが、通常、以下のようなものが鑑定事項とされている。

①　対象者が精神障害者であるか否か。

②　対象行為を行った際の心神喪失または心神耗弱の原因となったものと同様の精神障害が現在も残存しているか否か（疾病性）。

③　その精神障害は、治療可能性があるものか否か（治療反応性）。

④　その精神障害を改善し、これに伴って同様の行為を行うことなく、対象

者の社会復帰の促進を図るために、医療観察法による医療を受けさせる必要があるか否か(医療観察法医療必要性)。

⑤　その精神障害について医療を受けさせなければ、その精神障害のために同様の行為を行う具体的・現実的な可能性があるか (社会復帰阻害要因の有無)。

⑥　行為時の責任能力の有無——不起訴処分により医療観察法の手続に付されている事案で、責任能力の存否自体に疑義がある場合には、裁判所の命じるところにより、責任能力鑑定も行われることになる。

㈦　入院の必要性についての意見

鑑定医は、当該鑑定の結果として、当該対象者の病状に基づき、医療観察法による入院による医療の必要性に関する意見を付さなければならない (法37条3項)。

ウ　鑑定ガイドライン

鑑定実務上、厚生労働科学研究班(松下班)による医療観察法鑑定ガイドラインが作成され、利用されている (「医療観察法審判ハンドブック〔第2版(改訂版)ver.1.1〕」〔以下、「審判ハンドブック」と略記〕188頁以下)。

医療観察法による医療必要性の判断において、鑑定医は下記に示す3つの評価軸に時間軸を組み合わせて評価を行い、意見を述べる。

㈠　3つの評価軸

a　疾病性

疾病性とは、対象者の精神医学的診断とその重症度、および、対象者の精神障害と当該対象行為との関連性を意味する。

対象者の精神医学的診断においては、ICD-10による分類を原則とする。

b　治療反応性

治療反応性とは、精神医学的な治療に対する、対象者の精神状態の望ましい方向への反応の強さを意味する。対象者の精神障害が治療反応性のない場合、医療観察法による医療の対象とはならない。

鑑定においては、対象者が精神障害者であるか否かの判断と並行して、実際に対象者に対する精神医学的治療的アプローチを行うことで、対象者の反応を精査する。

治療反応性の判断にあたっては、以下のような下位概念に分けて考えるこ

とが有用である。すなわち、①対象者が治療を受けることに対する肯定的な動機づけをもちうるかどうか（治療動機と準備性）、②対象者が治療に同意して積極的に治療に参加できるかどうか（治療の同意と参加）、③実際に行った治療が目標にあった効果を発揮するかどうか（治療目標と効果）、④治療の効果が他の場面にも般化しうるかどうか（治療の般化）。

　上記を総合的に考察した結果、対象者が治療反応性をまったく有しないと判断されれば、対象者は治療可能性のないものであると判断される。

c　社会復帰（阻害）要因

　医療観察法は対象者の社会復帰を促進するための法律であるから、その処遇の決定にあたっては、対象者が社会復帰という目的を果たすことを促進あるいは阻害する要因について精査する必要がある。

　社会復帰要因は、対象者の環境や経過（文脈）を考慮に入れることなしには論じることができない。

　仮に対象者が高い疾病性を有しており、治療反応性が認められたとしても、対象者の社会復帰を阻害するような確たる要因が何ら認められないのであれば、あえて対象者に対して医療観察法による処遇を認める必要はない（審判ハンドブック192頁）。

㈡　時間軸の設定

　過去に関しては成育歴・生活歴などを遡り、対象行為時、鑑定をしている現在、さらに審判時点での予測など、長い時間軸の中で評価を行う。

㈢　医療観察法による医療必要性の判断基準

　医療観察法による医療の必要性があると判断するためには、疾病性・治療反応性・社会復帰（阻害）要因のいずれもが一定水準を上回ることが必要である。三者のいずれか一つでも水準を下回る場合には医療観察法による医療必要性がないと判断される。

⑶　社会復帰調整官による生活環境調査

　医療観察法における決定では、対象者の生活環境を考慮しなければならない（法42条1項）。

　そこで、裁判所は、保護観察所の長に対し、対象者の生活環境の調査を行い、その結果を報告することを求めることができるが（法38条）、この生活環

境調査を行うのが、保護観察所の社会復帰調整官である。生活環境とは対象者の生活を取り巻く環境のことであり、社会復帰（阻害）要因判断の一要素となる。

　具体的な調査方法としては、社会復帰調整官による面談、関係機関等に対する照会（法22条）などが考えられるが、その際、対象者が居住予定地において継続的な医療が確保できるか等を調査し、指定通院医療機関となることが想定される医療機関や精神保健福祉センター、保健所、市町村の担当者等との協議も行い、その結果に基づき、居住予定地において継続的な通院医療が確保できるかどうかなどに関して、「生活環境調査報告書」を裁判所に提出する。

　「生活環境調査報告書」に記載される調査項目は、以下のようなものである（審判ハンドブック56頁）。

① 　居住地の状況、経済状況（収入、経済的自立度、健康保険の状況等）
② 　家族の状況、家族の協力の意思の有無・程度（家族機能の状態）
③ 　地域の状況、地域住民等からの協力の可能性の有無・程度
④ 　本件に至るまでの生活状況、過去の治療状況等
⑤ 　想定される指定通院医療機関の状況
⑥ 　利用可能な精神保健福祉サービス等の現況
⑦ 　地域社会における処遇を実施するうえで、とくに留意すべきと考えられる事項

　この生活環境調査は、法101条に定めるような生活環境調整までは含まれないと解されているが（医療観察法等解説148頁）、生活環境調査の過程で事実上の調整活動を行う余地がないとはいえないであろう。

　社会復帰調整官による生活環境調査の結果は、3要件の1つである社会復帰（阻害）要因の判定に影響を及ぼすものであるから、社会復帰調整官は、カンファレンスでの合議体等からの指示・要望に対しては十分な考慮を払う必要がある（審判ハンドブック60頁）。

⑷　カンファレンス

　申立てがあってから審判期日までの間に、関係者が集まって打合せを行う（規則40条1項）。これをカンファレンスという。

カンファレンスは、通常、裁判官、精神保健審判員、精神保健参与員、鑑定医、社会復帰調整官、検察官、付添人の全部または一部が集まって行われる。通常、裁判所の会議室で行われるが、多忙等で出席が困難な者は電話会議で参加することもある。

　東京地裁を例にとると、審判期日までに3回のカンファレンスを入れることが一般である。この場合、申立てから10日後あたりに第1回目のカンファレンスを入れ、まず、対象事実を争うかどうかを確認する。また、鑑定人が鑑定にあたって留意すべき点、社会復帰調整官が生活環境調査で留意すべき点を協議する。第2回目のカンファレンスは鑑定書提出期限の1週間程度前に入れる。ここでは鑑定、生活環境調査の経過報告を受け、最終的な鑑定書、生活環境調査報告書の完成前にさらに検討すべき点があるかを確認する。第3回目のカンファレンスでは鑑定書、生活環境調査報告書の提出後1週間程度に行われ、提出された鑑定書、生活環境調査報告書の内容について自由な意見交換を行い、入院がほぼ決定的という場合には、決定後直ちに入院先に移送されることになるので、病院の受入れ態勢との関係で決定日をいつにしたらよいかということも調整する。

　以上が東京地裁の慣行であるが、カンファレンスの回数、内容等は各裁判所、係属部によってまちまちであり、大阪地裁では、最近では、鑑定書、生活環境調査報告書の提出後に1回だけということも多いようである。しかし、これでは、審判の方向性がほぼ定まった後ではじめてカンファレンスが行われるということになり、カンファレンスの形骸化は避けられない。

(5)　審判期日

　鑑定入院期間が原則2カ月(延長の場合でも通算して3カ月。法34条3項)とされており、かつ、入院決定の場合は決定後直ちに鑑定入院先から指定入院先に移送されることになるので、審判期日を鑑定入院期間満了の1〜2週間前頃の時期に指定し、審判の結果を踏まえて、鑑定入院期間満了の直前に決定が出されるという日程で進められることが多い。

　審判は原則として裁判所内で行われるが、鑑定入院先の病院等の裁判所外で行うことも可能である(法31条9項)。

　審判は非公開である(法31条3項)。

裁判所内での審判は非公開の刑事法廷を用いることが多いが、会議室等を用いる運用もある。

　審判期日では、裁判官、精神保健審判員、精神保健参与員（法36条）、検察官（法39条2項）、付添人（法31条6項）、対象者（法31条7項）が出席するのが例である。保護者には出席権がある（法31条6項）。必要な場合は鑑定人や社会復帰調整官（法31条5項）も出席する。

　被害者やその遺族から申出があるときは、裁判所は、審判期日の傍聴を許可することができる（法47条1項）。

　審判の冒頭に、裁判所は、対象者に対して、人定質問・黙秘権の告知を行ったうえ、当該対象者が入通院命令の申立てをされた事実、法2条2項の対象者に該当するとされる理由の要旨を告げ、当該対象者および付添人から意見を聴かなければならない（法39条3項）。

　続いて事実の取調べに入るが、裁判所は、事実の取調べのため必要があるときは証人尋問等を行うことができ、証拠調べの実施にあたっては、処遇事件の性質に反しない限り刑事訴訟法の規定が準用される（法24条）。

　一般には、対象者に対して事実関係、病状等についての質問を行うことが多い。その他、家族への質問や鑑定人・社会復帰調整官への質問が行われることもある。

　審判の職権主義構造を反映して、付添人には証拠調べ請求権は認められていない（法24条）。しかし運用上は、付添人は事実の取調べをするよう申し出て、裁判所の職権発動を促すことができる。

　証人尋問等を交互尋問方式で行うかどうかは、裁判官の裁量による。

　証拠書類の取調べについても、伝聞法則は適用されない。

　最後に検察官・付添人から処遇意見が述べられて、審判が終了する。

　審判期日は通常は1日で終了する。

⑹　決定

ア　審判の結果を踏まえて、決定が下される。

　決定は、とくに入院決定、通院決定を出す場合は、診療機関の受入れ態勢との関係から、審判の当日ではなく、後日に行われるのが通例である。

イ　対象者が対象行為を行ったと認められない場合は、裁判所は申立てを却

下する（法40条1項1号）。

ウ　対象者が心神喪失者および心神耗弱者のいずれでもないと認める場合も、裁判所は申立てを却下する（法40条1項2号）。

　以上のイ、ウの場合は、無罪、心神耗弱等の確定判決を経た事案については、法的な確定力が生じていることから、その判断を尊重し、あらためて対象行為の存否、責任能力の有無等の判断を行うことはない（医療観察法等解説153頁以下）。

エ　以上の場合以外は、裁判所は鑑定を基礎とし、対象者の生活環境を考慮して、以下の決定を行う（法42条）。

①　対象行為を行った際の精神障害を改善し、これに伴って同様の行為を行うことなく、社会に復帰することを促進するため、入院させてこの法律による医療を受けさせる必要があると認める場合——医療を受けさせるために入院をさせる旨の決定（入院決定）

②　入院決定の場合を除き、対象行為を行った際の精神障害を改善し、これに伴って同様の行為を行うことなく、社会に復帰することを促進するため、この法律による医療を受けさせる必要があると認める場合——入院によらない医療を受けさせる旨の決定（通院決定）

③　入院決定にも通院決定にもあたらない場合——この法律による医療を行わない旨の決定

④　申立てが不適法であると認める場合——却下決定

オ　以上を要するに、処遇の3要件のすべてを満たすときは入院決定か通院決定を行い、入院という形態による医療が精神障害の改善およびこれに伴って同様の行為を行うことなく社会に復帰するために必要と認められる場合には入院決定、そうでない場合には通院決定を行い、処遇の3要件のどれか1つでも認められない場合にはこの法律による医療を行わない決定をすることになる。

10　決定に対する不服申立て

ア　検察官・対象者・保護者・付添人は、①決定に影響を及ぼす法令の違反、②重大な事実の誤認、③処分の著しい不当を理由とする場合に限り、2週間

以内に、抗告をすることができる。ただし、付添人は、選任者である保護者の明示した意思に反することができない（法64条2項）。

　抗告の申立ては、抗告申立書を原裁判所に提出して行う（規則89条1項）。抗告申立書には、抗告の趣旨を簡潔に明示しなければならない（規則89条2項）。もとより、後に抗告申立補充書を提出することができる。

イ　抗告審の判断の基準時について、原決定後に対象者の病状が改善し、入院治療の必要性がなくなったとする付添人の意見に対して、判例は、抗告審の判断は原裁判所の決定時を基準として行うべきである、なぜなら、地方裁判所のする決定は医師である精神保健審判員と裁判所が合議体を構成し、医療的判断と法的判断を行うことにより最も適切な処遇を決定することが確保されているのに対し、抗告審は裁判官3名の合議体で構成され、医師がこれに関与するものではなく、また、入院している者においては、その入院後はいつでも退院の許可申立てを地方裁判所にできることとされ、その手続において入院後の精神障害の改善の有無や医療継続の必要性に関する審理が行われることとなっており、付添人の指摘するような原決定後の症状改善等の事情も退院の許可等の申立てで検討判断できるから、抗告審においては、原決定の当否に対する判断については、原決定時を基準とすべきであると判示した（東京高決平21・7・6判例タイムズ1325号281頁以下）。

ウ　抗告裁判所の決定に対しては、検察官・指定入院医療機関の管理者・保護観察所の長または対象者・保護者・付添人は、憲法違反、憲法解釈の誤り、最高裁または上訴裁判所である高等裁判所の判例と相反する判断を示したことを理由とする場合に限り、2週間以内に、最高裁判所に再抗告することができる。ただし、付添人は、選任者である保護者の明示した意思に反することができない（法70条1項）。

11　入院者等による不服申立て

⑴　退院許可の申立て

　入院している対象者、保護者または付添人は、いつでも、地方裁判所に対し、退院許可の申立てをすることができる（法50条）。

　退院許可の申立ての管轄裁判所は、対象者の住所、居所もしくは現在地ま

たは行為地を管轄する地方裁判所である（法3条）。

退院許可の申立ては、①対象者の氏名、年齢、職業、住居および本籍、②対象者に対する他の処遇事件があるときは、その旨および当該他の処遇事件が係属する裁判所、③保護者の氏名および住所（保護者が判明しない場合は、後見人または保佐人、配偶者、親権を行う者および扶養義務者の氏名および住居）、④対象者について入院決定または再入院決定があった日および当該決定をした裁判所、⑤対象者について入院を継続する旨の決定があるときは当該決定（複数あるときは、その最後のもの）があった日および当該決定をした裁判所、⑥対象者が入院している指定入院医療機関の名称、⑦申立ての趣旨および理由、を記載した書面を提出して行う（規則73条）。

退院の許可の申立てを受けた裁判所は、指定入院機関の管理者の意見を基礎とし、かつ、対象者の生活環境を考慮して、入院を継続すべきと判断した場合はその旨の、退院を許可しかつ医療観察法による通院医療を受けさせるべきと判断した場合はその旨の、医療観察法による医療を終了すべきと判断した場合はその旨の、決定を行う（法51条1項）。

裁判所は、必要がある場合は、事実の取調べをすることができる（法24条1項）。

付添人は意見を述べ、資料を提出することができる（法25条2項）。

当初審判の場合と同様、抗告、再抗告をすることができる（法64条、70条）。

(2) 処遇改善請求

入院中の対象者、保護者は、厚生労働省令で定めるところにより、厚生労働大臣に対し、指定医療入院機関の管理者に対して入院している者の処遇の改善のために必要な措置をとることを命ずることを求めることができる（法95条）。

処遇改善請求の内容としては、隔離や身体的拘束、通信・面会の制限などの行動制限の中止、主治医や投薬内容の変更、外出・外泊の許可、医療スタッフによる暴力・暴言や嫌がらせの中止など、さまざまなものが考えられる。

厚生労働大臣は、処遇改善請求を受けたときは、当該請求の内容を社会保障審議会に通知し、当該請求に係る入院中の者について、その処遇が適当で

あるかどうかに関し審査を求めなければならない（法96条1項）。

　社会保障審議会は、審査を求められたときは、当該審査に係る入院中の者について、その処遇が適当であるかどうかに関し審査を行い、その結果を厚生労働大臣に通知しなければならない（法96条2項）。

　社会保障審議会は、審査をするにあたっては、原則として、審査の請求をした者および指定入院医療機関の管理者の意見を聴かなければならない（法96条3項）。

　社会保障審議会は、審査にあたって必要と認めるときは、当該審査に係る入院中の者の同意を得て、社会保障審議会が指名する精神保健指定医に診察させ、またはその者が入院している指定入院医療機関の管理者その他の関係者に対して報告を求め、診療録その他の帳簿書類の提出を明示、もしくは出頭を命じて審問することができる（法96条4項）。

　厚生労働大臣は、社会保障審議会の審査の結果に基づき、必要があると認めるときは、当該指定入院医療機関の管理者に対し、その者の処遇の改善のための措置をとることを命じなければならない（法96条5項）。

　更生労働大臣は、請求をした者に対し、当該請求に係る社会保障審議会の審査の結果およびこれに基づきとった措置を通知しなければならない（法96条6項）。

12　付添人活動

(1)　付添人の選任

　対象者および保護者は、弁護士を付添人に選任することができる（法30条1項）。

　付添人の選任は、付添人と連署した書面を提出してしなければならない（規則35条1項）。

　付添人の選任は、審級ごとにしなければならない（規則35条2項）。

　付添人選任は、日弁連による法テラス委託援助業務の対象とされている。

　当初審判申立事件とその抗告審・再抗告審については、裁判所は、対象者に付添人がないときは、付添人を付さなければならない（必要的国選付添人。法35条、67条、70条2項）。これに対して、それ以外の審判については国選

付添人制度はない。

付添人は対象者本人の権利擁護者として、記録または証拠物を閲覧し（法32条2項）、審判期日に出頭し（法31条6項）、意見を述べ、資料を提出することができる（法25条2項）。

国選付添人の費用は、法テラスではなく、裁判所に直接請求する。

(2) 付添人の役割

ア　付添人の役割は、対象者の権利擁護者として、対象者の正当な権利・利益を守ることである。

この権利擁護という役割において、付添人の役割は、刑事弁護人のそれと何ら異なるところはない。

この点に関連して、対象者は精神障害をもち、心神喪失・心神耗弱の状態にあって自らの正当な利益を認識しえない状態にあるから、付添人は対象者の表明した意向に拘束されることなく、その真の利益、たとえば適正な医療の確保等を目指すべきではないかという考えがありうる。

しかし、こうした考えは、パターナリズムが障害者医療・福祉の領域においてさまざまな人権侵害を生んだことから、障害者の自己決定権尊重が主張されるに至った経緯に照らし、首肯できない。

近時、成年後見の分野で、後見人は被後見人の「ベスト・インタレスト」（最善の利益）に配慮して職務を遂行しなければならないということが指摘されているが、その際の「ベスト・インタレスト」とは客観的に見て本人のためになるという一般的な標準に従って結論を出すことではなく、たとえそれが客観的判断からみて賢明でなかったとしても、家族の見解、社会的常識、時には専門的見解よりも本人の主観的意思を重んじることだとされている。同様の配慮は、医療観察法の対象者についても尊重されなければならない。

イ　医療観察制度において当初審判の際に必要的国選付添人を付するとされているのは、医療観察制度による入院・通院決定が、対象者にとって不利益処分の性質をもつからである。

医療観察制度による入院は、厳重に隔離された閉鎖病棟への収容を伴っており、人身の自由を侵害するものである。

また、その入院期間は長期にわたり、法制度上は無期限の入院もありうる。

その閉鎖性、期間の長さの点で、精神保健福祉法による一般の精神医療に比してより拘束性の強い制度となっている。

また、制度設計上、保安処分的性格を払拭しきれていないため、その退院の許否の判断にあたって、純粋に医療的判断によることなく、予防拘禁的判断が混入する危険を常に有している。この場合は、科学的な再犯予測が困難であることと相俟って、本来は危険性が消失しているのに、なお危険性ありとして入院継続とされる偽陽性患者の発生を避けることは困難である。

ウ 付添人は、以上のような医療観察法の問題点を意識しつつ、対象者にとっての権利・利益とは何なのかを考えて、その活動を行うことが求められている。

すなわち、基本的には、医療観察法による医療を回避すべく活動すべきであり、また、入院命令よりは通院命令を求めて活動すべきである。

過去に、鑑定医や精神保健審判員が症状の軽快等を理由に通院決定で足るとしているのに、ひとり付添人のみが入院決定を主張するといった例が報告されているが、こうした付添人活動は、対象者の権利擁護者としての付添人の役割を失念したもので、論外と言わなければならない。

(3) 事実の調査と方針の決定

ア 事実の調査等

付添人に選任されたら直ちに事実の調査にかかる。

㋐ 検察官から提出された捜査段階の記録を検討する。

対象行為の存否を確認し、対象行為時の責任能力判断に問題がないかどうかも検討する。この捜査段階における責任能力判断は、鑑定から審判における処遇要件の存否判断の出発点となる。

必ずしもすべての記録が提出されているわけではないので、必要であれば、検察官に記録の開示を求める。

㋑ 裁判所と連絡をとり、カンファレンス等の期日を確認する。

カンファレンスの回数が1回など極端に少ない場合、開催時期が鑑定書作成後だけとするなど時期を失している場合には、抗議して改善を求める。

㋒ 早期に対象者と面接して、対象者の訴えを聴く。

手続と審判の内容、付添人の役割を説明し、対象行為について聴き取るほ

か、家族関係、生活歴、過去の入通院歴、病識などをできるだけ詳しく聴き取る。

　たとえ、妄想と思われる内容が含まれていても、拒否的な反応を示すことなく、まずはありのままの訴えを聴取する。それにより、対象者の認識している内容がわかるし、捜査記録の内容と異なる訴えを聴かされることもある。

　そのうえで、できる限り面接を重ねて、信頼関係を構築してゆく。

㈒　家族や知人など、協力を得られそうな人に接触して話を聴く。

　本人の口からは聞けない、病状の推移や生活態度、服薬の有無等を聴き出せることがある。

　通院処遇に持ち込むために、家族が本人を引き取る意思があるかどうか、地域での対象者の受入れは可能かどうかなどを確かめる。

㈡　対象行為前に対象者が入通院していた医療機関があれば、そこの主治医、看護師、PSW（精神保健福祉士）などから話を聴く。

　また、鑑定医と鑑定入院先の主治医が異なる場合は、鑑定入院先の主治医からも意見を聴く。

　病状の詳細、治療経過、対象行為前の状態、現在の治療状況、今後の経過見通しなどについて、できるだけ詳しく聴き取る。

㈱　鑑定医と面談等で、当方の持っている情報も必要に応じて提供し、率直な意見交換を行う。

　鑑定医との面談は、裁判所が行うカンファレンスの場で行えることもあるが、鑑定書の審判にもつ比重の大きさに鑑み、時期を見計らって、できるだけ早期から鑑定医と面談を行うようにすべきである。

　その際、処遇の３要件の存否を念頭に置き、鑑定ガイドラインにも留意する。処遇決定に際して一番問題となりやすい、医療観察法による医療が必要か、入院処遇か通院処遇かという点について、付添人において把握している情報も提供しながら、率直な意見交換を行う。

　鑑定書作成のスケジュールも確認する。

㈫　社会復帰調整官は審判に向けて生活環境調査を行い、生活環境調査報告書を裁判所に提出するが、この報告書は、鑑定医の提出する鑑定書と並んで対象者の処遇を決めるにあたっての基礎資料となるものであり、医療観察法

審判における社会復帰調整官の占める位置は大きなものがある。

　また、社会復帰調整官は、処遇が開始された後は対象者の社会復帰に向けた生活環境調整活動を行う。

　以上のとおり、社会復帰調整官は医療観察制度の全般にわたって中枢的な役割を担っているので、早期から面談等で率直な意見交換を行うことが必要である。

　もっとも、社会復帰調整官の中には、鑑定医が医療上の見地からは入院の必要性はなく通院決定で足るという意見を表明しているのに、その独自の見地から入院の必要性を主張する（たとえば、内省療法を行わせるのに入院が必要など）者も散見されるので、そのような場合には対象者の権利擁護の立場から批判を加えてゆく必要がある。

(ク)　協力医が得られる場合には、以上の事実調査によって得られた情報を協力医に提供して、専門家の見地から事件の見通しを聴く。

イ　方針の決定

　以上の事実調査を踏まえて、付添人としての方針を決定する。

(ア)　対象行為の存否に争いの余地はないか。

　検察官が心神喪失または心神耗弱を理由に公訴を提起しないで医療観察法に基づく申立てをしてきたときに、対象行為の存在に疑いのある場合は、医療観察法の職権主義構造を前提として、刑事事件や少年事件と同様の形で対象行為の存否を争う。

(イ)　対象行為の存在が認められる場合、医療観察法による処遇が必要であるかどうか。

　対象者の権利擁護の見地から、医療観察法による医療を行わない旨の決定を得られないか、通院決定で十分といえないか、疾病性、治療反応性、社会復帰阻害要因の存否を確認し、また、入院決定か通院決定かの判断基準に照らして主張する内容を構成する。

　仮に資料等からみて入院決定は避けられないと考えられるときでも、対象者が医療は不要、あるいは、通院で十分と主張しているときは、対象者の意見をできる限り主張内容に反映させる。この点は、刑事裁判における無罪主張などと同様である。

(ウ)　処遇の3要件

a　疾病性の要件

　症状の増悪期に対象行為に及んだが、審判時には軽快していて、通常の会話が成り立つようなことがしばしばある。これは、鑑定入院中の治療の効果が上がったものであることが多い。このような場合には疾病性の要件を欠くと主張することが考えられる。仮に完治していない以上、疾病性の要件ありとされる場合でも、症状が軽快していることは、入院決定ではなく通院決定を引き出すための有力な判断材料となる。

b　治療反応性（治療可能性）の要件

　①鑑定入院中の薬物療法などによる治療効果の発生、②当該精神障害に有効な治療手段の存在、③過去の治療状況、④治療コンプライアンスの良好さ、などの判断要素によって判断する。

　知的障害、発達障害、人格障害（パーソナリティ障害）、認知症などについては、それ自体は治療効果が望めない場合が多い。こうした類型については、治療反応性がないと主張することが考えられる。

　また、統合失調症のような、本来は治療反応性が望める類型でも、難治性の治療効果が認められない症例がある。このような場合も、治療反応性の存否が問題となる。

　こうした、治療反応性の認められない、あるいは、不十分な者に対して入院処遇がなされると、有効な治療がなされないまま、入院が長期化するおそれがある。こうなると、入院処遇は「治療なき収容」と化し、人権問題を引き起こす。医療観察法が病状の改善を図り、その社会復帰を促進することを立法目的として掲げている以上（法1条）、治療反応性の要件をないがしろにすることは許されない。

c　社会復帰阻害要因

　この要件の理解については、先述したとおり、判例と日弁連とで違いがあるが、付添人としては、判例の立場を念頭に置きながら、できうる限り医療保護説的な見解に引き寄せるような立論を試みるべきであろう。

　また、判例の立場は、「同様の行為を行う具体的・現実的可能性」を措置入院で措置解除する場合の基準（措置入院時の症状の解消）より長期の期間を念頭に置いて解釈しているが、こうした解釈が拡大してゆくときは、医療観

察法制定の際に反対論者が指摘していた「偽陽性」患者の収容という事態を招きかねない。このため、付添人としては、措置入院であれば「自傷他害」のおそれがすでに消失していると判定されるような事案（急性期の症状下に対象行為を行ったが、鑑定入院中の治療によりすでに急性期の症状は軽快し、病識も出てきているような事例が典型）では、社会復帰阻害要因はすでに消失したと主張し、あるいは、通院処遇で十分と主張する等して、社会復帰阻害要因の拡大適用に歯止めをかけてゆくことが肝要である。

⑷　具体的な付添人活動

ア　当初審判では、鑑定人から提出される鑑定書と社会復帰調整官から提出される生活環境調査報告書が審判における処遇決定の基礎資料になる。

　したがって、鑑定書と生活環境調査報告書が提出される頃には、審判の帰趨はあらかた決しているので、それまでに鑑定人、社会復帰調整官に働きかけて対象者、付添人側の意見や情報を反映させる必要がある。

　そのためにカンファレンスの場を活用し、さらに進んで、鑑定人や社会復帰調整官に面談を求めて、率直な意見交換を行うべきである。

イ　鑑定人の意見に疑問をもったときは、かつての主治医からも話を聴き、また、協力医からも意見を聴いて、反論を試みる。

　可能ならば、協力医による反対の意見書提出も試みる。

ウ　社会復帰調整官による生活環境調査については、対象者の親族からの情報などを提供する。

　当初審判では、社会復帰調整官の権限は生活環境調査に限られており、生活環境調整を行う権限はないとされているため、場合によって、付添人自身による環境調整を試みることが必要となる。対象者の経歴（生活歴、職歴、病歴等）、家族構成、生活環境（居住、収支、資産負債）等を踏まえ、家族や地域、職場で対象者を受入れ可能かどうか、また、地域の保健所、市町村の窓口などを通して利用できる福祉サービス等の社会資源をあたる。具体的には、①保護者、引受人の確保、②住む場所の確保（施設、グループホームや医療機関を含む）、③経済基盤の整備（借金の整理等を含む）、④継続的な精神科医療の確保、が問題となる。

　なお、付添人の環境調整活動に伴って社会復帰調整官による事実上の協力

を得られる余地はあろう。

エ　以上の活動結果を、意見書に作成して裁判所に提出する。節目節目で審判期日前に何度でも提出することが望ましい。

オ　鑑定書、生活環境調査報告書の内容を争う場合は、審判期日において、鑑定人尋問、社会復帰調整官に対する証人尋問の請求を考慮する。その場合は、その結果を踏まえて、審判前にあらためて意見書を提出する。

カ　決定があった場合、対象者、保護者に抗告の意思を確認して、抗告の意思がある場合は、２週間以内に、抗告申立書を原裁判所にて提出する（法64条２項、規則89条２項）。原審付添人が抗告できることについては争いがない（医療観察法等解説253頁）。

　抗告申立書には、抗告の趣旨も簡潔に明示しなければならない（規則89条２項）。少年審判規則43条２項と同趣旨の規定である。したがって、たとえば法令違反を理由に抗告をする場合であれば、単に法令違反があるというだけでは足りず、原決定のどの部分がどのような理由でどの法令に違反するかを具体的に明示して記載する必要がある。

⑸　抗告審・再抗告審における付添人活動

　当初審判に対する抗告事件、再抗告事件は、必要的付添人事件となる（法67条、70条２項）。

　抗告裁判所（高等裁判所）は、抗告の趣旨に含まれている事項に限り調査するものとされる。ただし、抗告裁判所は、抗告の趣旨に含まれていない事項であっても、抗告の理由となる事由に関しては、職権で調査をすることができる（法66条）。

　また、抗告裁判所は、審判通則（第２章第１節）の規定に従い、事実の取調べをすることができる。

　実際には、抗告審の審理は、書面審理で終了することが多い。したがって、抗告審における付添人活動は、対象者ほかの抗告人と面会して抗告申立ての理由を聴取し、原審記録を検討して、抗告申立理由（法64条１項）を構成し、これを抗告申立書・抗告申立補充書で抗告の趣旨・理由として詳論し、書証の補充等を行うことが中心となろう。

　再抗告審の場合は、再抗告申立理由（法70条１項）に従って、付添人活動を

行うことになる。

13 入院者等による不服申立てへの援助

　入院者等による不服申立て・処遇改善請求については、一般精神科病院に入院中の患者等からの申出を受けて行われる精神保健支援活動と基本的には同様の活動が求められる。

　以下では、一般精神科病院における退院・処遇改善請求、また、医療観察法の当初審判における付添人活動との相違点を中心に付添人・代理人活動のあらましについて述べる。

(1) 付添人・代理人の選任

　入院後の退院許可申立てについては、当初審判と異なり、国選付添人の制度はないので、付添人は対象者または保護者により選任された私選付添人である。

　退院許可申立ての場合の付添人選任は、日弁連による法テラス委託援助業務の対象とされている。

　また、処遇改善請求については、付添人は請求者に含まれていないので、弁護士が本条による請求を行うには、対象者または保護者の代理人として選任されることを要する。

　この代理人活動については、日弁連による法テラス委託援助業務の対象とされている。

(2) 退院許可申立て

　本章3(1)ア、5(3)エ(イ)で述べたように、医療観察法上の退院許可要件は、精神保健福祉法上の措置入院の措置解除要件に比して、明らかに要件・手続が加重されたものになっている。

　現実にも、たとえば統合失調症の入院期間について、現在の一般精神科病院における通常の入院期間は3カ月ないし6カ月とされているのに対して、厚生労働省が定めた医療観察法上の標準的入院モデルでは、急性期3カ月、回復期9カ月、社会復帰期6カ月の概ね18カ月とされており、しかも、最近

は、この入院期間がさらに長期化していると指摘されている（3⑴イ㈢）。

　これに対して、統合失調症の治療について、一般の場合と触法精神障害者の場合とで求められる医療内容に違いはないとも指摘されている。

　そうであるとすれば、医療観察法における入院は、医療上の要請を離れて、保安処分的見地から長期の入院が正当化されているのではないか、実際には再犯のおそれがないのに非科学的な憶測のもとに収容を継続されている偽陽性者を生んでいるのではないか（2⑶）、その結果、法1条が掲げる社会復帰の促進という目的が阻害されているのではないかという疑念を免れない。

　したがって、退院許可の申立てにあたる付添人は、標準モデルをはじめとする現行の運用を所与のものと考えるのではなく、医療保護説（2⑵）に立脚して、申立ての時点で処遇の3要件（5⑶）がなお具備されているか、とりわけ、社会復帰阻害要因、すなわち、医療観察法による入院を継続しなければ、その精神障害のために社会復帰の妨げとなる同様の行為を行う具体的・現実的な可能性があるかどうか（5⑶エ）を、その個々の判断要素に即して、厳密に検討することが求められる。

(3)　処遇改善請求

　医療観察法上の入院者に対する処遇については、法92条・厚生労働省令により精神保健福祉法に基づくものと同様の基準が示されており（3⑴イ㈡）、この基準に違反した行為は処遇改善請求の対象となるが、処遇改善請求の対象はこれに限られるものではない。

　医療観察法上の入院では一般精神科医療に比して厳重な閉鎖処遇が行われ、外出・外泊についても制約が厳しいが（3イ㈡）、個々の事例についてこうした処遇が妥当といえるかどうかの検討が必要であり、こうした処遇に対する改善の申出があった場合には積極的に取り組むべきであろう。

《参考文献》
1．法曹会編『「心神喪失等の状態で重大な他害行為を行った者の医療及び観察等に関する法律」及び「心神喪失等の状態で重大な他害行為を行った者の医療及び観察等に関する法律による審判の手続等に関する規則」の解説』

2．国立研究開発法人国立精神・神経医療センター精神保健研究所司法精神医学研究部「医療観察法審判ハンドブック〔第2版（改訂版）ver.1.1〕」

3．並木正男・西田眞基大阪地方裁判所判事「『心神喪失等の状態で重大な他害行為を行った者の医療及び観察等に関する法律』（以下「医療観察法」という。）施行後の事件処理状況」判例タイムズ1261号（2008年）36頁

4．厚生労働省「指定入院医療機関運営ガイドライン」「指定通院医療機関運営ガイドライン」「入院処遇ガイドライン」「通院処遇ガイドライン」「地域社会における処遇のガイドライン」〈医療観察法.NETの資料集のページ http://www.kansatuhou.net/10_shiryoshu/index.htmlよりダウンロード可〉

5．日弁連刑事法制委員会編『Q&A心神喪失者等医療観察法解説〔第2版〕』（三省堂、2014年）

6．「特集：ビギナーズ医療観察法」季刊刑事弁護63号（2010年）

7．大阪弁護士会心神喪失者等付添人制度運営協議会『心神喪失者等医療観察法付添人活動の手引き』（2010年）

8．大谷實『新版 精神保健福祉法講義〔第3版〕』（成文堂、2017年）

9．池原毅和『精神障害法』（三省堂、2011年）

10．『ICD-10 精神および行動の障害——臨床記述と診断ガイドライン〔新訂版〕』（医学書院、2005年）

11．『DSM-5 精神疾患の分類と診断の手引』（医学書院、2014年）

12．浅野詠子『ルポ 刑期なき収容——医療観察法という社会防衛体制』（現代書館、2014年）

13．九州弁護士会連合会『医療観察付添人の基礎と実践』（2017年）

14．姜文江・辻川圭乃編『自由を奪われた精神障害者のための弁護士実務』（現代人文社、2017年）

15．「特集：医療観察法——改めて中身を問う」精神医療96号（2019年）

（大槻）

Ⅷ 事例

1 覚せい剤の再度の執行猶予

⑴ 事案の概要

前刑（単純所持）で執行猶予判決を受けた後、ハローワークで介護研修を受け、資格を取得し、就職先も決まった矢先に再使用してしまったケース。

前判決後、約11カ月後の再犯で、自己使用・所持の事案。

⑵ 被疑者について

30代前半の男性。父母と3人兄弟の末っ子として育つ。

優しく、気を遣う性格で、家族内では、ときに家族の雰囲気が険悪になったときも場を和らげるムードメーカーの役割を担ってきた。その優しさと繊細さゆえに、生きにくさにつながった面がある。

⑶ 弁護活動の概要
ア　受任の契機

条件反射制御法による入院治療があることを知った母親の希望で、私選受任。

イ　本件における弁護活動のポイント

起訴直後、精神科閉鎖病棟を制限住居に保釈を得て、条件反射制御法による入院治療を開始した。当時は、現在と異なり、実刑相当の薬物事案に対する保釈は厳しかったため、入院先の病院を制限住居とすることで、保釈許可を得たものである。

条件反射制御法による治療のみならず、臨床心理士によるカウンセリングを併用し、薬物依存症に対して、身体面と心理面の双方から治療を進めていった。

一部執行猶予制度が導入される以前の事案であったため、当時の刑事司法では、薬物の実刑事案における治療の必要性や治療効果の量刑への反映に

ついてはまったく理解されていなかった。検察官が全面的に争う姿勢を見せたため、①精神科医の証人尋問、②カウンセリングを担当する臨床心理士の証人尋問、③回復支援団体の証人尋問、④親族（母、兄）の証人尋問のすべてを実施して、公判期日は5回ほどかかった。

裁判官は、興味をもって聞いてくださり、当時では画期的な再度の執行猶予判決をいただいた。

一部執行猶予制度が導入され、薬物依存症に対する治療機関や支援機関などの受け皿が増えたことや、2014（平成26）年の最高裁決定で保釈が認められやすくなったことが背景にあり、現在では、実刑事案であっても保釈され、治療に取り組むことはむしろ当たり前と考えられるようになった。

現在ならば、①や②は、医師や臨床心理士が出廷しなくても、医師の診断書や意見書、臨床心理士によるカウンセリング報告書などの書面で十分同意が得られると思われる。

⑷　弁護活動の成果

本件は検察官控訴され、残念ながら、控訴審で覆されて、懲役1年2月の実刑判決となった（検察官の控訴趣意書によると、刑法25条2項を根拠とする薬物犯での再度の執行猶予は、7年間に3件しかないとのことであった）。その後、上告したが棄却されている。

被告人は、控訴・上告期間中はダルクへ入所して過ごし、判決確定後、受刑した。その間、多くの関係者から支援と愛情を受けて、人間的にも成長し、落ち着いた様子で出頭していった。受刑中は優良受刑者であり、出所後は、薬物依存症を完全に克服して、就労を果たしている。出所後もダルクスタッフや弁護人と交流を続けているが、周囲の人間関係にも恵まれながら、第二の人生を生きているようである。

再度の執行猶予判決は覆されたものの、被告人の回復と社会復帰後の様子は、刑事裁判中からの治療の実施が正しかったことを証明していると思う。

⑸　薬物依存症に対する治療について

薬物依存症に対しては、現在ではさまざまな治療法や医療機関などがあり、無料のNA（ナルコティクス・アノニマス）などの自助ミーティングもあ

るため、被告人ごとに経済状態や必要性にあわせ、その地域で可能な治療法を組み合わせていけばよいと思う。

　本件では、依存原因を探求するうえで、臨床心理士によるカウンセリングが有効であった。依存原因の探求は、NAなどの自助グループへの参加でもある程度可能だとは思うが、自分自身だけの力では気づきを得るまでには時間がかかる。専門家である臨床心理士の助力を得れば、数回（3～5回くらい）カウンセリングを実施するだけでも、薬物への依存原因を概ね把握できるため、非常に有効だと思う。ただし、重症化していないこと、知的障害などがなく、自分の気持ちを言語化したり、内省できる状態にあることが条件となる。

（西谷）

2　常習的な万引き

(1)　事案の概要

　常習的にスーパーで生活用品の万引きを繰り返した事案。

　初回受任時点での前科前歴は、同種前科3犯（いずれも執行猶予付き）、同種前歴4回。

(2)　被疑者について

　本人は中年の有職者女性で、仕事場では有能で職場の信頼も厚く、家庭でも主婦業をこなし、子どもらからも慕われていて、社会人として問題のない生活を送っていた。夫も生真面目な有職者で、一見、家庭的な問題も見当たらなかった。また、経済的にも困窮していなかった。それにもかかわらず、本人は理由不明の万引きを繰り返し、家族の中では夫だけがその事実を知っていて、悶々としていた。

(3)　弁護活動の概要
ア　第1回目弁護

　私選受任。

　弁護活動として、被害店舗に2度と立ち入らないという誓約書、これを踏まえて店舗からの嘆願書、被告人の裁判所宛て反省文、被告人の反省の念を

綴った日誌、カウンセリング（フロイト派精神分析）への通院、以前の被告人の保護観察中の保護観察官（臨床心理士）による証言（万引き行為の原因の分析）等を行った。

判決は懲役1年執行猶予4年保護観察付。

イ　第2回目弁護

執行猶予中の犯行。

私選受任。

検察官は当初起訴意見であったが、精神科医の意見書（内容は、解離性障害による犯行というもの）、本人の夫らの嘆願書に加え、子2人に事情を話して今後家族で本人を監督する旨の嘆願書を提出してもらい、また、中断していたカウンセリングを再開することを誓約し、起訴猶予にこぎつけた。

ウ　第3回目弁護

第1回目弁護から約9年後の事件。

私選受任。

本人は第2回目弁護の後にも万引きで検挙され、起訴猶予となっていたが、この事案には当職は関与していない。

一審では、子、保護観察官に証言してもらい、カウンセリングにも通わせたが、懲役1年の実刑。

控訴して、カウンセラーにこれまでのカウンセリング内容を証言してもらった結果、カウンセリングが効果を上げつつあるという評価を得て、懲役1年執行猶予5年保護観察付の判決を得た。

エ　その後の事件

本人は、第3回目弁護の後に、また万引きを行い、この件では、私選受任しても実刑はまず免れないと判断されたことから、家族にその旨を説明して、国選弁護を勧め、当職は受任しなかった。

結果は実刑となったが、審理において情状鑑定が行われた結果、軽度の知的障害があったことが判明したと聞いている。

⑷　事件処理にあたっての感想

本件は、常習的な万引き事犯であるが、DSM-5の窃盗癖（Kleptomania）の「窃盗に及ぶ直前の緊張の高まり」、「窃盗に及ぶときの快感、満足、または解

放感」といった診断基準を満たしておらず、本人に尋ねると、「気がついていたら盗っていた」とか、「盗っているときは何も考えていなかった」というような、あたかも自分の行為を外から観察しているような、他人事であるかのような回答しか返ってこなかった。解離性障害という精神科医の診断は本人のこうした態度に着眼したものであるが、同時に、精神分析的立場からは、本人のこうした他人事のような発言は本人の中での本件に関する強い抑圧と捉えられ、その点から本件を、本人が意識していない愛情飢餓の表現とする見解が述べられていた。第3回目の弁護の控訴審段階では、カウンセリングの進行の結果、幼少時における本人と親との関係の問題性が浮かび上がってきており、控訴審ではこの点が評価されて、執行猶予の判決につながった。

　それにもかかわらず、本人の万引き行為はやまず、再犯に至ったことは、家族のみならず、弁護人やカウンセラーにとっても無念の思いであり、こうした事例の解決の困難さを痛感させられた。 (大槻)

3　知的障害と発達障害がある人の暴行等事件

(1)　事案の概要

　建造物侵入および暴行被疑事件。

　障害者支援施設に入所している被疑者が、作業休憩中に施設職員の目を離れ施設外へ出て、授業中であった地域の小学校の教室内に入り、女児の足を匂ったという事案。

(2)　被疑者について

　属性：30代男性。

　障害の内容：知的障害（療育手帳Ａ）、発達障害（自閉症）。

　家族構成・生活状況：父、母、姉2人、兄がいるが、被疑者だけが施設に入所しているため家族と同居していない。

(3)　弁護活動の概要
ア　受任の契機

　障害者刑事弁護当番で出動した（簡裁から大阪弁護士会へ当番依頼の電話

が入っている）。

当時は被疑者国選対象外事件であったため、私選援助事件として受任した。

イ　障害に関する気づき等──接見における被疑者の様子

家族の名前や実家住所・電話番号くらいは答えてもらうことができたが、ほとんど意思疎通はできなかった。

一方的に、「○○小学校入った！」「飛び込んだ！」「足匂った！」「済んだ！」などを繰り返していた（取調べによる刷り込みが相当入っている様子であった）。

パンフレット「あなたの不安に答える弁護士からのアドバイス（ひまわり編）」をアクリル板越しに見せたところ、文字をなぞりながらザーッと読み上げ、「めくって！」と言って最後まで読み上げた（ただし、内容を理解している様子には見えなかった）。

ウ　本件における弁護活動のポイント──準抗告申立て

接見直後、警察署最寄り駅から実家に架電し、家族から、被疑者が障害者支援施設に入所していることや障害の内容・程度をはじめて聴き取ることができた。

家族につないでもらい、障害者支援施設職員と連絡をとることができた。

家族や障害者支援施設職員と面談し、療育手帳の写しや身元引受書等を取得し、勾留に対する準抗告を申し立てた。

⑷　弁護活動の成果

下記のとおり、準抗告が認められた。

「被疑者に知的障害等があることからすると本件に計画性があるとは考えられず、このような事案の性質の他、被疑者が当初から本件被疑事実を認める旨の供述をしていること、被疑者に前科前歴がないこと、被疑者の父親や被疑者が入所している施設の長が捜査機関や裁判所への被疑者の出頭を確保し、日常生活においても厳重に監督することを誓約していること等に照らせば、被疑者が罪証隠滅や逃亡をはかるおそれは高くはなく、前記被疑者の属性を踏まえると、本件では被疑者を勾留してまで捜査を遂げなくてはならない必要性があるとは認められない」。

最終処分は、不起訴となった。

(5)　弁護人からみた障害と本件との関係等

　家族と面談し、被疑者には昔から足の匂いにこだわりがあるということが
わかった。

　なお、その後、被疑者が再び別の女の子の足を匂って警察に連れていかれ
た旨連絡が入ったことがあった。

4　発達障害のある人の強制わいせつ事件

(1)　事案の概要

　強制わいせつ、強制わいせつ致傷および児童ポルノ製造被告事件（裁判員
裁判）。

① 　路上を歩行中の少女（6歳）を見かけ、少女が住むマンションの非常階段
　　踊り場において、少女の下着を下ろして陰部を舐めたうえ、陰茎を少女の
　　臀部に押しつけるなどした。

② 　路上を歩行中の少女（7歳）を見かけ、少女が住むマンションの非常階段
　　において、少女の下着の中に手を差し入れて陰部を弄び、全治3日間を要
　　する外陰裂傷の傷害を負わせた。

③ 　路上を歩行中の少女（7歳）を見かけ、少女が住むマンションのエレベー
　　ター内において、少女が穿いていたスカートをめくり上げ、その陰部を下
　　着の上から触って弄んだ。

④ 　①の際、少女に陰部および臀部を露出させた姿態をとらせ、携帯電話機
　　のカメラで撮影し、それらの電磁的記録を携帯電話機内蔵の記録装置に記
　　録して児童ポルノを製造した。

(2)　被告人について

　属性：20代男性。

　障害の内容：発達障害（自閉症スペクトラム障害）。

　家族構成・生活状況：父、母、妹と同居している。

⑶ 弁護活動の概要
ア 受任の契機
　障害者刑事弁護当番・被疑者国選で出動した（先に通常の刑事弁護当番で出動した弁護士が、被疑者から「発達障害がある」と聞いて、「それなら障害者刑事弁護名簿に載っている人に弁護してもらったほうがよい」と勧めたため、障害者刑事弁護名簿からの国選弁護人指名打診となったとのこと）。

イ 障害に関する気づき等
　おとなしく、「用がないときに接見に来てもらうと何を話してよいかわからず戸惑う」と述べていた。言葉の定義にこだわり、やや回りくどい説明になりやすかった。

　けれども、言わなければ発達障害があると気づかれないことも多そうな印象であった。

　実母が、「私も発達障害があると言われていて」と発達障害に関する書籍等をいろいろ勧めてくれた。

ウ 本件における弁護活動のポイント——鑑定請求
　協力医に意見書を作成してもらい、同意見書に基づいて責任能力を争うという建前のもと鑑定請求を行った。鑑定請求が採用され鑑定書が完成したが、責任能力は問題にならないとのことであったこと、また、当初から責任能力を争うのは無理筋だと考えていたことから、責任能力を争うとの主張は撤回した。鑑定結果は、自閉症スペクトラム障害の存在およびいじめ被害体験が本件に影響を及ぼしているという内容であった。

　また、実母の強い意向で、性障害専門医療センター（SOMEC）に治療計画書の作成を依頼した。自閉症スペクトラム障害の障害特性を踏まえた治療計画を作ってもらうとともに、両親は家族セミナーに通っていた。

　以上を踏まえ、大阪府地域生活定着支援センター相談員に更生支援計画書を作成してもらい、情状証人として法廷で今後の更生支援について証言してもらった。

エ 弁護活動の成果
　判決では、下記のとおり自閉症スペクトラム障害について言及があった。

　「被告人には、自閉症スペクトラム障害が認められるが、その程度は軽度であり、犯行には、被告人の性的嗜好の影響も大きいと考えられるから、精神

障害が犯行の動機や態様に与えた影響は限定的といえる。この障害が、意思決定への非難の程度を大きく減じるとは言えない」。

「これを前提に、量刑を判断するに当たっては、以下の事情も考慮した。(中略) 被告人の障害を踏まえた更生支援計画及び治療計画が初めて立てられるなど、社会復帰後の更生に向けた支援の準備がなされ、被告人も更生に向けて一定の意欲を示している」。

(4)　弁護人からみた障害と本件との関係等

被告人は、長らく、その障害を見過ごされて育ち、いじめ被害を受け、不登校に陥った。いじめ被害について訴えても、教師は適切に対処するどころか加害者を擁護する立場であり、また、両親もただ「学校に行きなさい」と告げていた。こうして、被告人は、社会からつまはじきにされているという感覚を抱くようになった。そのような中で、子ども (少女) だけは自分を拒絶しない存在である (少女を通して社会と接点をもつことができる) と認識し、また、性的な行為の意味もわからないため強い拒否感・被害はないであろうと考え (認知の歪み)、少女に対する性的行為を行うようになっていた。　　(渋谷)

5　解離性同一性障害が疑われた事案

(1)　事案の概要

ア　事案は本人 (事件当時30代の女性) の自宅マンション近辺で不審火が連続し、警察が本人を被疑者として自宅マンションを張り込んでいたとき、マンション内で窓のカーテンに火をつけるような様子が目撃され、ついには窓一面に火が燃え広がったことから、放火と判断してマンション内に踏み込んだところ、風呂場前に本人が全裸もしくは裸にバスタオルを巻いただけの姿で茫然と佇立しており、他の住人 (内縁の夫と子ども) はいずれも就寝していたため、この状況から本人が放火したものと疑われて、現住建造物等放火で起訴された。

イ　一審では、本人の犯人性が争われたほか、起訴前鑑定により本人には依存性人格障害、全般性不安障害 (不安神経症) があり、過去に解離性健忘を生じた可能性が高いと診断されたことから、検察官は心神耗弱を前提に本訴を

提起した。

　これに対して、一審弁護人は鑑定内容を争い、事件当時、本人は解離性同一性障害（いわゆる多重人格）の状態にあったもので、心神喪失であると主張した。

　一審判決は弁護人の主張を退け、起訴前鑑定の内容に従って、犯行当時の本人は解離性混迷ないし解離性健忘の状態にあったと判断して、心神耗弱の認定にとどめ、本人を懲役2年6月に処したが、その刑期に満つるまで未決勾留日数を算入し、結局、本人は刑務所に収容されることなく、起訴前鑑定人が所属していた精神科病院に措置入院となった（本件は医療観察法施行前の事件である）。

ウ　このように、本人は実際の受刑には至らなかったのであるが、本人は一審判決を不服として控訴し、当職が控訴審の国選弁護人に選任された。

(2)　弁護活動の概要

　本人の主訴は自分は犯人ではないというものであったため、犯人性についての事実誤認を控訴理由の中心に置き、あわせて、本人は心神耗弱にとどまるとする一審判決の判断を争い、あらためて解離性同一性障害による心神喪失の可能性を主張した。

　そして、起訴前鑑定人の証人尋問を行ったところ、鑑定人は、一審判決後本人が措置入院となった精神科病院内で本人の別人格が出現したことを認めた。

　しかし、控訴審判決は、本人の犯人性を肯定したうえ、責任能力についても、措置入院後、別人格の出現と思われるような症状が出現したことは認めたものの、鑑定人が証言で、多重人格は医師等から誘導されることで本人の中に作られる可能性がかなり高いと考えられること、被告人の場合も、無罪と思いながら長期間拘置所において身体拘束を受け、強いストレスを感じている中で、心理学の専門家（多重人格の専門家として、一審弁護人が依頼して本人と接見していた）による面接の際等の誘導により多重人格が出現したものと考えられること、被告人には未熟で思い込みや被害感を抱きやすく、依存性が強いといった性格が認められること、措置入院後に出現したとされる別人格の名前が原審弁護人と同じ姓であったことなどの事情に照らすと、

少なくとも事件発生の時点では解離性同一性障害の存在は否定されるという鑑定人の供述は信用できるとして、控訴を棄却した。

(3) 弁護人からみた障害と本件との関係等

　解離性同一性障害（多重人格）は、ICD-10でもDSM-5でも病名が掲載されているが、この障害が実際にはどの程度存在するか、またどの程度医原性であるか（解離性の傾向のある患者に対して治療者側が多重人格を疑って接すると、その暗示効果によって実際に別人格を創り出してしまうことがあるのではないかという議論）等について議論が分かれている。これを広く認める人は、従来、統合失調症と診断された中にもかなりの数の解離性同一性障害が混じっている可能性を指摘するのに対し、懐疑的な見解の人は解離性同一性障害のほとんどは詐病ないし医原性のものであると主張している。ICD-10は解離性同一性障害について「この障害はまれであり」と明記しており、後者の懐疑的な見解に近い立場であろう。

　当職は本人に接触したときには別人格には遭遇することがなかったが、原審弁護人が接見した際にはしばしば別人格が出現したと聞いており、やはり、この障害は対面者の態度如何で別人格出現の有無が違ってくるのではないかと思っている。

　本件では、本人が本当に解離性同一性障害であったと考えると説明のつきやすい事件であり、その意味で、裁判所の判決と鑑定内容には現在も疑問をもっている。しかし、この症例が対面者が解離性同一性障害であると思っていると、そのことの暗示効果によって本当に解離性同一性障害になるといわれていることを考えると、そのコミュニケーションの仕方、さらには、弁護方針の決め方についても、デリケートな配慮が必要であるように思う。

6　覚せい剤使用などの背後に隠れた問題

(1) 事案の概要

　本人（女性。30代）は覚せい剤の自己使用で逮捕勾留されたが、精神障害等級2級の手帳交付を受けていたことがあり、精神科通院歴もあったため、障害者刑事弁護の被疑者国選弁護人に選任され、第1審公判まで担当した。

本人は10代後半の頃から約17年にわたって覚せい剤使用歴を有し、少年時代に覚せい剤取締法違反で中等少年院送致、事件の6年前には覚せい剤取締法違反で懲役2年執行猶予3年の判決を受けていた。

　本件は自首によって発覚したもので、本人は覚せい剤使用をやめられない自分に嫌気がさして自首してきたものであった。

(2)　弁護活動の概要

ア　精神障害についての事実調査

　本人に精神障害があるということだったので、その内容、成育歴、精神障害と覚せい剤使用との関係等に重点を置いて事実調査を行った。

　本人からの聴き取り、同棲していた男性からの普段の行状に関する聴き取り、本人の親類からの成育歴に関する聴き取り、拘置所で本人と同房だった女性からの聴き取りを行った。

　また、本人が通院していた精神科クリニックの主治医と面談して通院歴を聴取し、診療録の提供を得た。

　以上の事実調査の結果、以下のような事実が浮かび上がった。

　主治医の診断によれば、本人の精神疾患は情緒不安定性人格障害（境界型）である。ICD-10によれば、情緒不安定性人格障害（境界型）とは、感情の不安定さを伴い、結果を考慮せず衝動に基づいて行動する傾向が著しい人格障害で、それに加え、患者自身の自己像、目的等がしばしば不明瞭であったり混乱したりして、激しく不安定な対人関係に入り込んでいく傾向のために、感情的な危機が繰り返され、見捨てられることを避けるための過度な努力と連続する自殺の脅しや自傷行為を伴うことがある。主治医によれば、本人は情緒不安定性人格障害（境界型）を中核症状とし、ここから派生して、不眠、不安、憂うつ感、動悸等が時に増強し、多量服薬や自傷行為を繰り返していた。

　本人が小学生の頃に父母が離婚し、本人は父に引き取られ、弟は母に引き取られて家族が離れ離れになった。本人は母親に会うこともできなくなった。

　本人によれば発症したのは父母が離婚した頃であり、家族が離散したことが本人にとっての大きな心の傷になったことが窺えた。

イ 弁護方針

　覚せい剤使用歴が長く、執行猶予付き前科もあったため、実刑の可能性が高い事案であった。

　このため、弁護方針としては、覚せい剤使用をやめたいという動機によって自首していることと、覚せい剤使用自体が本人の境界性人格障害の症状の現れであり、うつ状態、不安感を解消するための使用であって、一概に本人の自己責任とはいえないということを強調して、執行猶予判決を得ることを目標とした。

　また、本人にはダルクを紹介して保釈中ダルクに通うこととさせ、通院していたクリニックの診療記録を書証として提出し、被告人質問で本人の精神症状と覚せい剤使用との関連を詳細に供述させた。

　以上の弁護活動の結果、一審では懲役2年執行猶予5年保護観察付の判決を得た。

(3) 弁護人からみた障害と本件との関係等

　本件は本人に精神科通院歴があり、障害者手帳も有していたため、覚せい剤使用の背後に本人の精神障害があることを比較的容易に把握でき、弁護活動でこのことを指摘したことで、一審で再度の執行猶予判決を得ることができた。

　しかし、こうした精神科歴があることを本人が話さず、弁護人も察知できていなければ、本件もありきたりの覚せい剤再犯事件として、機械的に処理されていたであろう。

　こうした事例は決して少なくないと思われ、本件以降にも、覚せい剤使用の背後に発達障害が潜んでいるのではないかと思われる事案にぶつかったことがあった。

　覚せい剤自己使用事案だからといって通り一辺倒の対応で済ますことなく、覚せい剤使用の背後にある動機や精神症状の有無に注意を払うべきであると思う。

（大槻）

7　精神障害のある人の事件

(1)　事案の概要

　覚せい剤取締法違反・通貨偽造、同行使事件。

　覚せい剤依存症の被告が、覚せい剤の自己使用で執行猶予後、ダルクの寮に自分の意思で入所するも、生活費を少しずつ貯めて、覚せい剤を購入し、ダルクの部屋で使用。覚せい剤の影響下でおもちゃの1万円札をコンビニで拡大コピーして、それをタクシー代金の支払いに使用し、お釣りを得ようとした事案。

(2)　被疑者について

　属性：30代男性。

　障害の内容：覚せい剤の使用による精神障害（統合失調感情障害・睡眠障害・不安神経症）。

　家族構成・生活状況：母死亡。離婚を2度経験。

(3)　弁護活動の概要
ア　弁護方針

　ダルク入所中に通っていたメンタルクリニックのカルテを取り寄せたところ、覚せい剤への依存度合いがかなり深刻であることが判明。やめたいという意思で自らダルクに入るも、やめられないという薬物依存の恐ろしさと、長い時間をかけて更生していくものであることを裁判員に理解してもらう。そして、刑務所に長期入れるのではなく、早期に社会復帰し、治療のプロセスに戻し、治療を続けることが重要であることを主張。

　通貨偽造に関しても、薬物影響下による二次犯罪の側面があることを強調。

イ　工夫した点

　偽造通貨は、稚拙なものであることから、どれほどのものか裁判員に手にとって見てもらった。

　カルテを取り寄せ、証拠として提出。依存度の強さと、やめようとする意思が認められることを判決で言及してもらった。

ダルクの職員に自身の体験を含めて、覚せい剤の恐ろしさと、時間をかけて治すことを証言してもらった。

⑷　弁護活動の成果

弁護側主張はほぼ採用され、酌量減刑も認められた。　　　　　　　　　（亀石）

8　脳に機能障害がある人の強制わいせつ致傷事件

⑴　事案の概要

強制わいせつ致傷、大阪府公衆に著しく迷惑をかける暴力的不良行為等の防止に関する条例違反。

マンションに住む女性Ａ宅ポストやベランダに性的羞恥心を害する物（精液付コンドーム等）を投げ入れるなどした事案と、自転車で帰宅中の被害者Ｂの背後から両乳房をつかんだり、膣内に手指を入れる等のわいせつ行為をし、その際にＢを殴って肋骨骨折のけがを負わせたとされた事案。

ただし、被告人は、わいせつ行為を行ったことは間違いないが、Ｂを殴った事実はなく、逃走時に膝が当たったものであると主張しており、一部否認の事案であった。

⑵　被疑者について

属性：20代後半男性。

障害の内容：意思決定や衝動制御に関わる部分（前頭葉）に、交通事故に起因する脳の器質的・機能的障害がある。

家族構成・生活状況：父・母・妹の４人家族で育つ。当時は内妻とその連れ子の４人家族。

⑶　弁護活動の概要
ア　障害に関する気づき等──接見における被疑者の様子

弁護人には、なぜ被告人が突然このような行為に出るのかわからなかった。本人が懸命に弁明しようとする様子を見て、精神科医に診断（私的鑑定）を依頼することを決意した。その結果、少年時に大きなバイク事故に遭遇し

て頭部を強打しており、それに起因すると思われる前頭葉機能障害があることが判明した。私的鑑定による意見書を資料に鑑定請求をなし、裁判所により、情状鑑定が実施された。弁護人による事情聴取だけでは、少年時の交通事故には気づけなかったと思われる。

イ　本件における弁護活動のポイント

　前頭葉機能障害について争点として挙げ、鑑定人尋問を行った。前頭葉機能障害の存在とそれゆえの衝動性については、裁判所選任の鑑定人も認めていた。弁論ではパワーポイントを利用して、意思決定の問題と脳機能障害の関係につき裁判員に理解してもらえるよう工夫して説明した。

　保釈を得て、性障害専門医療センター（SOMEC）で認知行動療法によるグループミーティングを受けており、再犯防止のためには受刑よりも治療を継続することが必要であることを説明した。

⑷　弁護活動の成果

　結果的に、精神科医2名がともに脳機能障害の存在とそれゆえの意思決定時の衝動性を認めていたにもかかわらず、裁判体は、判決にて、被告人が現場から逃走していることなどを根拠に、「意思決定処理にかかわる脳の器質的・機能的障害が犯行に影響した可能性を否定することができないが、影響の程度はそれほどでもない」などと認定した（私的鑑定医の意見は、精神科医が2名になることを嫌う裁判所の対応により、治療に関する部分についてすら採用してもらえなかった）。一般人である裁判員に、脳機能障害という専門医学的な知見を理解してもらうことの困難さを感じた。

（西谷）

IX　基礎知識：障害福祉サービスの類型

1　障害者手帳

　障害者手帳とは、障害のある人の多くが所持している手帳である。障害の種類によって、身体障害者手帳、療育手帳（東京都では「愛の手帳」と呼ぶなど自治体ごとで名称に若干差がある）、精神障害者保健福祉手帳の３つの種類に分けられる（手帳ケースの色も異なる）。障害者手帳を所持していることで、それぞれの種類や程度に応じて、福祉サービスを受けることができる。税制控除や公共交通機関や公共施設等での割引など、さまざまな特典が受けられる場合もある。身分証明書としての機能も有している。都道府県知事や政令市市長が発行する。

　身体障害者手帳とは、身体に不自由がある人が受けられる手帳である。視覚障害、聴覚障害、肢体不自由の障害などが一般的である。身体障害者手帳の等級は、重い順に、１級から６級までの等級に分かれている。障害者手帳のうち身体障害者手帳を所持する人が最も多い。

　療育手帳とは、知的障害のある人が所持することができるものである。自治体によって異なるが、多くは、その程度の重い順に、A（重度：IQ35以下）、B1（中度：IQ36〜50）、B2（軽度：IQ51〜75）に区別される（なお、東京都の場合、A・Bという指標を使わず、重い順に「１度・２度・３度・４度」に区別している）。

　精神障害者保健福祉手帳は、精神上の障害がある人で、日常生活や社会生活上の障害を抱えている人が対象である。精神障害があっても医療を必要としない人もおり、その障害の程度もさまざまである。手帳を有していない人も大勢いる。手帳上の等級は１級から３級まである。また、精神障害は、身体障害や知的障害と異なり、病状や社会生活上の支障に伴ってその障害の程度に影響があるため、手帳には２年の有効期限がある。更新には２年ごとに医師の診断書を必要とする。

　このように、障害者手帳は、地方公共団体において、障害者として認定さ

166

れる場合に発行される。手帳の種類によって、その発行者の違いはあるが、いずれも申請の際の相談窓口は市町村の障害福祉窓口であることが通常である。

　障害者手帳は、障害のある人を示すわかりやすい指標ではあるが、障害はあるけれど障害者手帳を有していない人も数多く存在する。精神障害のある人の通院医療費助成を示す「自立支援医療」の受給者証を有している人、難病のために「難病医療証」を有している人もいる。これらの証明証を有している人も、障害のある人にあたる。

　障害者手帳は、障害があることを示すひとつのツールに過ぎず、必要条件ではないことに留意が必要である。

2　障害年金

　障害年金とは、社会保険制度による所得保障制度である。

　障害年金には、「障害基礎年金」「障害厚生年金」「障害共済年金」という種類がある（2015〔平成27〕年10月１日より共済年金は厚生年金保険に一元化）。その種類によって、支給される年金の金額が異なる。どの種類の障害年金に当てはまるかは、障害の原因となる病気やけが等について、初めて病院で診察をした日（＝「初診日」という）に、いずれの年金制度に加入していたかどうかによる。

　障害基礎年金とは、障害年金の１段階目を意味し、ベースとしての年金である。国民年金に加入している間、または20歳前（年金制度に加入していない期間）、もしくは60歳以上65歳未満（年金制度に加入していない期間で日本に住んでいる間）に初診日のある病気やけがで法令により定められた障害等級表（１級・２級）による障害の状態にあるとき、障害基礎年金が支給される。

　障害厚生年金とは、２段階目の手厚いフォローの位置づけで、障害基礎年金に上乗せして支給される。受給には、厚生年金に加入している間に初診日のある病気やけがで障害基礎年金の１級または２級に該当する障害の状態になったときという要件が必要である。

　また、障害の状態が２級に該当しない軽い程度の障害のときは３級の障害

厚生年金が支給される。

受給資格として、国民年金法や厚生年金保険法などが定めている要件（初診日、保険料を納付しているかどうか、障害の状態や程度など）を満たすことが必要である。

そして、支給される障害年金の金額は、障害の程度によって異なる。2019（令和1）年9月時点では、障害基礎年金1級で年間975,125円＋子の加算、2級で年間780,100円＋子の加算の金額が受けられる。障害年金等級表による1級から3級までのレベルがあり、障害が重いほど年金額も大きくなる。障害年金等級表の障害の程度は、障害者手帳の等級とは一致しない。たとえば、障害者手帳1級にもかかわらず障害年金を受給していない人もいる。

障害年金を申請するためには、年金請求書、医師の診断書、病歴・就労状況等申立書等、所定の様式の書類を揃え、これに戸籍謄本や年金手帳等を添えて、住居地の役所に提出することとなる。なお、初診日が国民年金第3号被保険者期間中の場合は、年金事務所へ提出する。

申請書を提出すると、障害基礎年金は各都道府県にある日本年金機構の事務センター、障害厚生年金は東京都にある日本年金機構本部において審査が行われる。申請が却下された場合には、その不服申立て（審査請求、裁判）を行うこともできる。

3　障害福祉サービス

身体障害、知的障害、精神障害の認定を受けている人および一部の難病患者は、市町村の給付に基づいて障害福祉サービスを受けることができる。経済的福祉支援制度である障害基礎年金・厚生障害年金とは異なり、市町村から支給決定を受けることで（国がその財源の一部を負担）福祉サービスが受けられるというものである。自己負担額は所得にもよるが、たとえば生活保護世帯や非課税世帯では負担ゼロで利用できる。

こうした障害福祉サービスの種類や支給プロセスを定めるのが、「障害者の日常生活及び社会生活を総合的に支援するための法律」（通称「障害者総合支援法」）という法律である。

この障害者総合支援法に基づく福祉サービスを利用することで、家族と暮

らす障害者については家族の負担軽減（ないし本人の家族に対する負担意識軽減）となり、また、自立生活が困難な障害者であってもヘルパーの支援を利用しながら一人暮らしを実現することができる（現に、そうして一人暮らしをしている障害者も多い）。

(1) 福祉サービスの種類

ア ヘルパー系のサービス

㋐ 居宅介護

いわゆる「ホームヘルプサービス」として、ホームヘルパーが自宅を訪問して援助を行うもの。障害のある人の地域生活を支えるために基本となるサービスである。

- ・身体介護：入浴、排泄、食事介助等の支援
- ・家事援助：調理、洗濯、掃除、生活必需品の買い物等の支援
- ・相談助言等：生活等に関する相談・助言

㋑ 重度訪問介護

居宅介護と外出支援等の総合的支援として利用できる制度である。比較的長時間、利用目的も比較的柔軟に利用することができる。重度の肢体不自由があり常時介護を要する障害者、重度の知的障害者、重度の精神障害者で行動障害等の特性がある人についても利用できるが、いずれにしても重度を対象としており、比較的軽度の障害者は利用できない。

㋒ 同行援護

いわゆる「ガイドヘルプサービス」で、視覚障害があり外出に著しい困難を伴う人が利用できる。

㋓ 行動援護

知的障害、精神障害があるために行動上著しい困難を伴い、常時介護を要する障害者（重度のてんかん、自閉症の人、重度の精神障害者等）について、行動する際に生じうる困難を回避するために必要な援護や外出時の移動中の介護等を実施する。

㋔ 重度障害者等包括介護

常時介護を要する重度障害者（寝たきり、人工呼吸器利用、最重度知的障害者等）について、居宅介護や生活介護等を包括的に提供できる。

イ　日中活動系のサービス

㈠　生活介護

障害者支援施設などの場所で、日中の、生活の介護（入浴、排泄などを含む）、創作活動、生産活動の機会の提供等を実施している制度。いわゆる「作業所」のような機能があり、障害者が、日中の居場所として利用していることが多くある。

㈡　療養介護

医療を必要とする障害者で、常時介護を要する人（ALS等の人工呼吸器を利用する人、筋ジストロフィー、重症心身障害者等）が対象である。病院での入院生活において、主に日中、機能訓練、療養上の管理・看護等を提供する。

ウ　寝泊まり系のサービス

㈠　短期入所

いわゆる「ショートステイ」と呼ばれるもので、居宅生活（実家暮らしを含む）をしている人が、介護者不在のために一時的に施設に短期入所する。

㈡　施設入所

施設に入所している障害者が対象で、夜間や休日に身体介護を提供する。

エ　訓練系のサービス

㈠　自立訓練

a　機能訓練

施設を退所、病院を退院、支援学校を卒業したような身体障害者ないし難病患者が対象である。施設や事業所に通所、または訓練士（理学療法士、作業療法士）が自宅に訪問する方法により、リハビリ・相談などを受ける。

b　生活訓練

施設を退所、病院を退院、支援学校を卒業したような知的障害者、精神障害者が対象である。施設や事業所に通所、または訓練士（理学療法士、作業療法士）が自宅に訪問する方法により、生活に必要な訓練や支援などを受ける。

㈡　就労移行支援

65歳未満で、一般就労を希望しているけれども単独では就労困難な障害者が対象である。事業所や企業での作業や実習を実施し、適性にあった職場探しや就労後の職場安定の支援を行う。

㈦　就労継続支援

a　A型（＝雇用型）

　雇用契約に基づき、継続的に就労する制度。作業所などでの軽作業もこれに含まれることがある。また、就労移行支援を利用したが一般雇用に至らない人なども対象に含まれることもある。

b　B型（＝非雇用型）

　事業所で、就労機会や生産活動などの機会の提供、知識・能力の向上のための訓練などを行う。一般企業での雇用に結びつかない人も対象とされ、障害者の日中活動として利用されることが多くある。

㈢　共同生活援助（グループホーム）

　地域で共同生活を営むことに支障のない人に対し、主に夜間、共同生活住居で相談その他の日常生活上の援助を行う。知的障害者、精神障害者の居住の場として活用されているが、グループホーム設置基準などの壁もあり、需要と供給が見合っていないと問題提起されている。

オ　医療費負担上のサービス——自立支援医療

　心身の障害を除去・軽減するための医療について、医療費の自己負担額を軽減する公費負担医療制度。

　利用者負担が過大なものとならないよう、所得に応じて1カ月当たりの負担額を設定しており（これに満たない場合は1割の限度にとどめられる）、費用が高額な治療を長期にわたり継続しなければならない（重度かつ継続）人、育成医療の中間所得層については、さらに軽減措置が実施されている。

カ　その他

　身体機能を補完代替するものとして、補装具（車いす、補聴器等）を支給してもらう制度もある。

⑵　利用の方法

　居住する市区町村に、申請書を提出し、検討期間を経て支給決定を受ける（不服申立制度あり）。申請にあたっては、どのようなサービスをどの程度利用したいか、本人を中心として検討する必要がある。介護保険制度と同様、現在は、支援計画を立てることを前提とされていることが多いため、市町村に登録されている相談支援事業所（どの事業所へ相談したらよいかわからな

い場合、市町村の障害福祉課に問い合わせると教えてもらえる）に相談して、本人の支援計画を立案してもらうことが考えられる。相談支援専門員がその人の相談・支援や福祉サービスのコーディネートを行う。

　ヘルパー等のサービスは時間数で支給される仕組みで、市町村が本人に代わって各ヘルパー事業所へ報酬を支払う慣行となっている。

　本人の障害程度や生活環境等に応じて、支給時間数や利用できるサービスの種類も異なってくる。たとえば、居宅介護と日中活動としての生活介護や就労継続を利用するなど、いくつかのサービスを組み合わせながら利用することもできる。専門的な事項でもあるので、まずは障害福祉課や福祉専門職（社会福祉士、精神保健福祉士、病院の医療ソーシャルワーカー等）に相談することが有効と考えられる。なお、障害福祉サービスの利用は、生活保護の他法他施策（補足性原理、生活保護法4条参照）としても位置づけられている。こうした福祉サービスを使いこなしながら、本人を取り巻く環境を整備していくことが求められる。　　　　　　　　　　　　　　　　　　　　（東）

執筆者

東　　奈央（あずま・なお）　　　荒木晋之介（あらき・しんのすけ）　　大槻　和夫（おおつき・かずお）

亀石　倫子（かめいし・みちこ）　川上　博之（かわかみ・ひろゆき）　岸　　祐司（きし・ゆうじ）

久保田共偉（くぼた・ともなり）　小坂梨緑菜（こさか・りみな）　　　渋谷　有可（しぶたに・ゆか）

清水　伸賢（しみず・のぶかた）　鈴木　一郎（すずき・いちろう）　　髙橋　昌子（たかはし・まさこ）

髙山　　巌（たかやま・いわお）　辻川　圭乃（つじかわ・たまの）　　西谷　裕子（にしたに・ゆうこ）

渡辺　顗修（わたなべ・ぎしゅう）

障害者刑事弁護マニュアル

2020年 1 月25日　第 1 版第 1 刷発行
2021年 6 月 1 日　第 1 版第 2 刷発行

編著者　　大阪弁護士会
　　　　　高齢者・障害者総合支援センター運営委員会
　　　　　障害者刑事弁護マニュアル作成プロジェクトチーム

発行人　　成澤壽信
編集人　　西村吉世江
発行所　　株式会社 現代人文社
　　　　　東京都新宿区四谷2-10 八ッ橋ビル7階（〒160-0004）
　　　　　Tel.03-5379-0307　Fax.03-5379-5388
　　　　　henshu@genjin.jp（編集部）　hanbai@genjin.jp（販売部）
　　　　　http://www.genjin.jp/

発売所　　株式会社 大学図書
印刷所　　株式会社 平河工業社
装　幀　　Malpu Design（陳湘婷＋高橋奈々）

ISBN978-4-87798-734-3 C2032